I0200843

www.ingramcontent.com/pod-product-compliance
Lightning Source LLC
Chambersburg PA
CBHW071741020426
42331CB00008B/2115
9781782633983

ڕۆحی پیرۆز له ناخی ئێمهدا

دێرک پرنس

وهرگێڕانی له ئینگلیزییهوه: نهریمان تاهیر

ئەم کتێبە وەرگێڕانێکە لە کتێبی:

The Holy Spirit in You

ناوی کتێب: ڕۆحی پیرۆز لە ناخی ئێمەدا

نووسەر: دێرک پرنس

وەرگێڕ: نەریمان تاهیر

چاپی یەکەم، ٢٠١٦

تیراژ: ٥٠٠ دانە

چاپخانە: (   )

ژمارەی سپاردن: (   )

ناوەرۆک

بەشی یەکەم

پێش ڕۆژی پەنجایەمین

لەڕێگەی کتێبی پیرۆزەوە دەتوانین زانیاریگەلێک وەربگرین کە لە هیچ ڕێگەیەکی دیکەوە ناتوانین وەریبگرین. یەکێک لە گرنگترین ئاشکراکردنەکانی کتێبی پیرۆز بریتییە لە سروشتی یەزدان. کتێبی پیرۆز پەردە لەسەر نهێنی وا هەڵدەداتەوە کە لە هیچ سەرچاوەیەکی دیکەوە ناتوانین بەدەستی بهێنین. نهێنییەکە ئەوەیە کە یەک خودا هەیە و لە هەمان کاتیشدا لە یەک خودا زیاتر هەیە، یەک خودا لە سێ کەس (شەخس)دا. ئەو سێ کەسەی کە لە کتێبی پیرۆزدا ئاماژەیان بۆ کراوە، باوک و کوڕ و ڕۆحی پیرۆزن. ئێمە لەم کتێبەدا تیشک دەخەینە سەر ڕۆحی پیرۆز و بە وردی باسی دەکەین. یەکێک لە قووڵترین و جیاوازترین ئاشکراکردنەکانی کتێبی پیرۆز لەسەر کەسایەتی و کارەکانی ڕۆحی پیرۆزە. یەکەم شت کە دەبێت تێبگەین ئەوەیە کە ڕۆحی پیرۆزیش کەسە، وەکو باوک و کوڕ. بەهۆی بەراوردکردنی مرۆییەوە ئاسانە کە باوک و کوڕ وەکو مرۆڤ ببینین بەڵام ئاسان نییە کە ڕۆحی پیرۆز وەکو مرۆڤ چاولێبکەین. لەڕێگەی ڕۆحی پیرۆزەوە خودا هەموو شتێک دەزانێت و لە هەمان کاتدا لە هەموو شوێنێک ئامادەیە.

لە چەندین دەقی کتێبی پیرۆزدا ئەمە بە ڕوونی باسی لێوە کراوە. بۆ نموونە، لە (یەرمیا ۲۳: ۲۳- ۲٤)، یەزدان دەفەرموێ:

"[23]ئایا من تەنها لە نزیکەوە خودام و لە دوورەوە خودا نیم؟ ئەوە فەرمایشتی یەزدانە، [24]یان کەس هەیە لە پەناگا خۆی بشارێتەوە و من نەیبینم؟ ئایا من ئاسمان و زەوی پڕناکەمەوە؟ ئەوە فەرمایشتی یەزدانە."

یەزدان زەوی و ئاسمان پڕدەکاتەوە. هیچ شوێنێک نییە کە خودای لێ نەبێت. هیچ شوێنێک نییە کە شتێکی تێدا ڕوودەدات و خودا ئاگای لێ نەبێت. ئەمە زۆر بە جوانی لە (زەبووری **١٣٩**)دا باسکراوە:

"[1]ئەی یەزدان، تۆ منت پشکنی و منت ناسی. [2]هەڵستان و دانیشتنی منت زانیوە، لە دوورەوە لە بیرکردنەوەم گەیشتووی. [3]ڕێڕەو و جێی ڕاکشانی منت پێواوە، شارەزای هەموو ڕێگاکانی منیت. [4]ئەی یەزدان، بەر لەوەی وشەیەک لەسەر زمانم هەبێت، تۆ بە تەواوی دەیزانی. [5]لە پێش و لە پشتەوە دەورت داوم، دەستت دەخەیتە سەرم. [6]ئەم زانینەی تۆم بەلاوە زۆر سەیرە، لە سەرووی منەوەیە، ناتوانم بەدەستی بهێنم. [7]بۆ کوێ بچم لە ڕۆحی تۆ؟ بۆ کوێ هەڵبێم لە ڕوخسارت؟ [8]ئەگەر سەربکەوم بۆ ئاسمان، ئەوەتا تۆ لەوێی، ئەگەر لەناو جیهانی مردووان ڕاکشێم، ئەوەتا تۆ لەوێی. [9]ئەگەر دەست بە باڵی بەرەبەیانەوە بگرم، ئەگەر لەوپەڕی دەریا نیشتەجێ بم، [10]لەوێش دەستی تۆ ڕێنماییم دەکات، دەستە ڕاستەت بە خۆیەوە دەمگرێت. [11]ئەگەر گوتم: بێگومان تاریکی دامدەپۆشێت، ڕووناکیش دەبێتە شەوی دەورم، [12]ئەوا لە تاریکیشدا لەلای تۆ تاریک دانایەت، شەو وەک ڕۆژ ڕووناکی دەبەخشێت، تاریکیش وەک ڕووناکی وایە."

چ دەربڕینێکی جوانە! مەزنی دانایی خودا چەندە بە نایانی دەرخراوە. یەزدان لە هەموو گەردووندا ئامادەیە و لە هەموو شوێنیکیدایە. هیچ شوێنێک نییە کە بڕۆیت و خۆتی لێ بشاریتەوە کە یەزدانی لێ نەبێت. هیچ مەودایەک ناتوانێت لە یەزدانت جیابکاتەوە. هیچ تاریکییەک ناتوانێت لە یەزدانت بشارێتەوە. خودا لە هەموو شوێنێکە، لە هەموو شوێنێکی ئەم دنیایەدایە. لە هەر شوێنێکی ئەم دنیایە هەر شتێک ڕووبدا ئەو ئاگای لێیەتی.

ئەو کلیلەی کە نهێنییەکە دەکاتەوە لە ئایەتی حەوتدایە کە زەبوورنووس دەڵێت: "[٧] **بۆ کوێ بچم لە ڕۆحی تۆ؟**

بۆ کوێ هەڵبێم لە ڕوخسارت؟ ئەمە نموونەیەکە لە هۆنراوەی نموونەیی عیبری کە دێڕی یەکەم و دووەم لە بنەڕەتدا هەمان شت دەڵێن. ئامادەبوونی ڕۆحی پیرۆز لە هەموو شوێنێکی گەردووندا بریتییە لە ڕۆحی پیرۆز. بەهۆی ڕۆحی پیرۆزەوە خودا لە هەموو شوێنێکە و هەمیشە ئاگاداری هەموو ئەو شتانەیە کە ڕوودەدەن.

ڕۆحی پیرۆز لە دوای بەدیهێنانی گەردوونەوە چالاک بووە. زەبوورنووس لە (زەبووری **٣٣: ٦**) باسی پرۆسەی ڕاستەقینەی پەیدابوون و بەدیهێنانمان بۆ دەکات:

"[٦]**بە فەرمانی یەزدان ئاسمان دروست کرا، بە هەناسەی دەمی هەموو ئەستێرەکانی ئاسمان."**

لەم ئایەتەدا لە جێگەی "هەناسە" لە دەقە عیبرییەکەدا دەڵێت "ڕۆح." بۆیە دەقەکە بەم شێوەیەی لێدێت: "**بە فەرمانی یەزدان ئاسمان دروست کرا، بە ڕۆحی دەمی هەموو ئەستێرەکانی ئاسمان.**" بە واتایەکی دیکە ئەو دوو بریکارەی کە بوونە هۆی بەدیهێنانی گەردوون وشەی خودا و ڕۆحی خودا (ڕۆحی پیرۆز) بوون. ئەگەر بگەڕێینەوە بۆ یەکەم ئایەتی کتێبی پیرۆز کە باسی بەدیهێنانی گەردوون دەکات، ئەوا دەبینین ئەمە زیاتر ڕوونکراوەتەوە. (پەیدابوون **١: ٢- ٣**) دەڵێت:

"[٢]**زەویش بێ شێوە و بەتاڵ بوو، تاریکییش لەسەر ڕووی قووڵاییەکان بوو. ڕۆحی خوداش لەسەر ڕووی ئاوەکان دەجوڵایەوە. [٣]خودا فەرمووی: با ڕووناکی ببێت. ئینجا ڕووناکی بوو."**

ڕۆحی خودا لەناو تاریکیی بێشێوەکەدا بوو، لە بۆشاییەکەدا بوو. وشەی "دەجوڵایەوە" دەگەڕێتەوە بۆ باڵندە. لە کتێبی پیرۆزدا ڕۆحی پیرۆز تایبەتمەندیی کۆتری خراوەتە پاڵ. لێرەدا باسی کۆتری ئاسمانی دەکات، کە لە سەر ڕووی ئاوە بێشێوەکاندا دەجوڵایەوە. (ئایەتی ٣) دەڵێت: "**خودا فەرمووی: با ڕووناکی ببێت. ئینجا ڕووناکی بوو.**" لێرەشدا دوو بریکارمان هەیە: وشەی خودا و ڕۆحی خودا کە ڕۆحی پیرۆزە. کاتێک ئەو دوانە یەکیان گرت گەردوون بەدیهات. کاتێک ڕۆحی خودا و وشەی خودا لەوێ ئامادەبوون، شتێکی نوێ بەدیهات، کە لەو حاڵەتەدا ڕووناکی بەدیهات. ڕۆحی پیرۆز و وشەی خودا ڕووناکییان بەدیهێنا. دەبینین کە ڕۆحی پیرۆز هەر لە کاتی بەدیهێنانی گەردوونەوە کاری کردووە و هەمیشە لە هەموو شوێنێک بوونی هەیە. واتە دەتوانین بڵێین کە ڕۆحی پیرۆز بریکارێکی چالاک و کاریگەریی خودای باوکە.

ڕۆحی پیرۆز مایەی هاندان و بەهێزکردنی هەموو پیاوانی خودایە لە پەیمانی کۆندا. بەهۆی زۆری ناوەکانیانەوە ناتوانین ئاماژە بە هەموویان بکەین بەڵام هەوڵ دەدەین نموونەیەکی زۆر بهێنینەوە.

یەکەم نموونە باسی بەسەلئێل دەکەین، ئەو پیاوەی کە سندووقی پەیمان و هەموو کەلوپەکانی ناو چادری پەرستنی موسای دروست کرد. لە (دەرچوون ٣١: ٢- ٣) یەزدان دەفەرموێت:

"[٢]بڕوانە، ئەوا من بەسەلئێلی کوڕی ئوری کوڕی حوورم لە هۆزی یەهودا هەڵبژاردووە، [٣]لە ڕۆحی خوداشەوە پڕم کردووە لە دانایی و تێگەیشتن و زانیاری لە هەموو جۆرە پیشەگەرییەک."

ڕۆحی پیرۆز بەسەلئێلی پڕکرد و بەو هۆیەوە توانای ئەوەی پەیدا کرد کە بتوانێت ئەو پیشە سەرسوڕهێنەرە ئەنجام بدات. هەمیشە زۆر کاریگەر دەبم کاتێک دەبینم کە بەسەلئێل یەکەم کەس بووە کە پڕبووە لە ڕۆحی خودا. ڕۆحی پیرۆز لە حاڵەتی ئەمدا بەهرەی کاری دەستی پێبەخشیوە. ئەمەش بووەتە هۆی ئەوەی کە کاری دەست، نرخ و پێگەیەکی مەزنی هەبێت.

لە (دواوتار ٣٤: ٩) لەبارەی یەشوعەوە نووسراوە:

"[٩]یەشوعی کوڕی نونیش پڕ بوو لە ڕۆحی دانایی، چونکە موسا دەستی لەسەر دانابوو. ئیتر نەوەی ئیسرائیل گوێیان لێ گرت و ئاوایان کرد وەک ئەوەی یەزدان فەرمانی بە موسا کردبوو."

یەشوع بەرپرسێکی سەربازیی مەزن بوو کە خاکی بەڵێنپێدراوی داگیرکرد، ئەو خاکەی داگیرکرد چونکە پڕ بوو لە ڕۆحی پیرۆز. لە (ڕابەران ٦: ٣٤)دا لەبارەی گدعۆنەوە نووسراوە:

"[٣٤]ڕۆحی یەزدان هاتە سەر گدعۆن و کەڕەنای لێدا و ئەڤیعەزەرییەکان شوێنی کەوتن."

ڕۆحی پیرۆز هاتە سەر گیدعۆن و کردی بەو فەرماندە مەزنە. پێش ئەوەی گیدعۆن پڕبێت لە ڕۆحی پیرۆز، گەنجێکی ترسنۆک بوو، لە ترسان بە دەوری خۆیدا دەسوڕایەوە و توانای ئەنجامدانی هیچ کارێکی باشی نەبوو. گیدعۆن گۆڕا دوای ئەوەی ڕۆحی پیرۆز هاتە سەری.

پاشان لە (دووەم samوئێل ٢٣: ١- ٢) لەبارەی داودی مەزن و زەبوورنووس دەخوێنینەوە، لێرەدا داود دەڵێت:

"[١]ئەمانەش دواهەمین وشەکانی داودن: پەیامی داودی کوڕی یەسا، ئەو پیاوەی کە لەلایەن خودای هەرەبەرز پایەبەرز بووە، دەستنیشانکراوەکەی خودای یاقوب و زەبووربێژە دەنگ خۆشەکەی ئیسرائیل؛ [٢]ڕۆحی یەزدان بەهۆی منەوە دوا، وشەکەشی لەسەر زمانم بوو."

داود ئەو زەبوورە جوانانەی پێبەخشین چونکە "**ڕۆحی یەزدان بەهۆی منەوە دوا، وشەکەشی لەسەر زمانم بوو.**" سەرنج بدە، دیسان لێرەدا ڕۆحی خودا و وشەی خودایە.

لە (دووەم پەترۆس ١: ٢١)دا پەترۆس خزمەتی هەموو پێغەمبەرەکانی پەیمانی کۆن باسدەکات کاتێک دەڵێت:

"[21]چونکە هەرگیز پێشبینی بە خواستی مرۆڤ نەهاتووە، بەڵکو ڕۆحی پیرۆز ڕابەرایەتی مرۆڤەکانی کردووە بۆ ئەوەی پەیامی خودا ڕابگەیەنن."

هەموو پێغەمبەرێک کاتێک پەیامێکی ڕاستیان هێناوە، هەرگیز لە خۆیانەوە و لە تێگەیشتنی هزری شەخسی خۆیانەوە قسەیان نەکردووە بەڵکو ڕۆحی پیرۆز بە سروش و وەحی هانی داون کە ئەو پەیامانە بڵاوبکەنەوە و بیگەیەنن بە خەڵکی. بەو شێوەیە پەیامەکەیان لە هی مرۆڤ گەورەتر بووە، واتە پەیامەکە لە خودی خوداوە بووە.

کاتێک کە سەیری ئەم نموونانە و چەندین نموونەی هاوشێوەی دیکە دەکەین، دەگەینە ئەو دەرەنجامەی کە هەموو ئەو کەسانەی لە پەیمانی کۆندا بەشێوەیەکی کاریگەر و قبووڵکراو خزمەتی یەزدانیان کردووە؛ بەهۆی وەحی و توانای ڕۆحی پیرۆزەوە توانیویانە خزمەت بکەن. بێگومان ئەمە دەرسێکە بۆ ئێمە کە دەبێت لێوەی فێربین. ئەگەر ئەوان بەبێ ڕۆحی پیرۆز نەیانتوانیبێت چالاکانە خزمەتی خودا بکەن ئەوا بێگومان ئێمەش ناتوانین.

بەشی دووەم

ڕۆحی پیرۆز لە ژیانی عیسای مەسیحدا

ئێستا تماشای ڕۆحی پیرۆز دەکەین لە خزمەت و فێرکردنەکانی خودی عیسای مەسیحدا. پێش هەموو شتێک دەبێت ئەوە بزانین کە یەحیای عەمادکار، کە بە تایبەتی بۆ ئەوە هات کە مەسیح بناسێنێت و ڕێگا بۆ خزمەتەکەی مەسیح بکاتەوە، عیسای مەسیحی وەکو "عەمادکاری ڕۆح" ناساند.

"[11]من بۆ تۆبەکردن بە ئاو عەمادتان دەکەم، بەڵام ئەوەی دوای من دێت، لە من بەتواناترە، شایانی ئەوە نیم پێڵاوەکانی بۆ هەڵگرم. ئەو بە ڕۆحی پیرۆز و بە ئاگر عەمادتان دەکات" (مەتا ٣: ١١).

سەرنجی ئەو جیاوازییە بدە کە لە نێوان مەسیح و هەموو ئەو کەسانەی دیکەدا هەیە کە پێش ئەو هاتوون: **"ئەو بە ڕۆحی پیرۆز و بە ئاگر عەمادتان دەکات."** خزمەتی مەسیح وەکو عەمادکاری ڕۆحی پیرۆز لە هەر چوار ئینجیلەکەدا باسکراوە. کتێبی پیرۆز گرنگییەکی زۆری داوە بەم خزمەتەی مەسیح.

هەروەها دەزانین کە ڕۆحی پیرۆز تاکە سەرچاوەی هێز و توانای خزمەتی مەسیحە. هەتا لە ڕووباری ئوردن ڕۆحی پیرۆز لە شێوەی کۆترێک نەهاتە سەر عیسا ، هیچ پەرجوویێک یان فێرکردنێکی پێشکەش نەکرد. چاوەڕێی هاتنی ڕۆحی پیرۆزی دەکرد.

لە (کرداری نێردراوان ١٠: ٣٨) پەترۆس باسی خزمەتی عیسای مەسیحی بۆ کۆمەڵە خەڵکێکی زۆر دەکات کە لەماڵی کۆرنیلیۆس کۆببوونەوە:

"خودا بە ڕۆحی پیرۆز و هێز عیسای ناسیرەیی دەستنیشان کرد .... عیسا دەگەڕا و چاکەی دەکرد و هەموو ئەوانەی ئیبلیس دەستی بەسەریاندا گرتبوو چاکی دەکردنەوە، چونکە خودا لەگەڵی بوو."

ڕۆحی پیرۆز سەرچاوە و هێزی خزمەتەکەی عیسای مەسیح بوو لەسەر زەوی. پێشتر ئاماژەمان بەوە کرد کە خودا یەکە لە سێ کەسایەتیدا (ئالوث)؛ باوک، کوڕ و ڕۆحی پیرۆز. لەم ئایەتەدا هەر سێ کەسایەتییەکە دەرخراوە. خودای باوک عیسای کوڕی بە ڕۆحی پیرۆز دەسنیشان کرد. خودا بە تەواوی خۆی هێنا ئاستی مرۆڤ تاکو مرۆڤەکان شیفا بدات: "**.... عیسا دەگەڕا و چاکەی دەکرد و هەموو ئەوانەی ئیبلیس دەستی بەسەریاندا گرتبوو چاکی دەکردنەوە، چونکە خودا لەگەڵی بوو.**" ئەمە نهێنی و سەرچاوەی خزمەتی مەسیح بوو.

عیسا تەنانەت لە دوای زیندووبوونەوەشی هەر پشتی بە ڕۆحی پیرۆز دەبەست. ئەمە ڕاستییەکی زۆر ناوازەیە. لە (کرداری نێردراوان ١: ١- ٢) لۆقا بەم وشانە دەست پێدەکات:

"[١]بەڕێز تیۆفیلۆس، لە پەڕتووکی یەکەممدا (ئینجیلی لۆقا) دەربارەی هەموو ئەوەی کە عیسا دەستی کرد بە ئەنجامدان و فێرکردنی نووسیومە، [٢]تاکو ئەو ڕۆژەی تێیدا بەرزکرایەوە، دوای ئەوەی بەهۆی ڕۆحی پیرۆز ئەو نێردراوانەی ڕاسپارد کە هەڵیبژاردن."

لۆقا باسی ئەو چل ڕۆژەی خزمەتی عیسا دەکات لە کاتی زیندووبوونەوەی تا کاتی بەرزبوونەوەی بۆ ئاسمان. ئایەتەکە دەڵێت کە عیسا بەهۆی ڕۆحی پیرۆزەوە ڕێنمایی داوەتە نێردراوەکانی. مەسیح نموونەی تەواوی پشتبەستنە بە ڕۆحی پیرۆز. عیسای مەسیح پشتی بە ڕۆحی پیرۆز دەبەست بۆ هێزی ئەنجامدانی پەرجووەکانی و فێرکردنەکانی؛ بەبێ ڕۆحی پیرۆز هیچ شتێکی ئەنجام نەدەدا. ئێمەش دەبێت بەهەمان شێوەی مەسیح بین و لە هەموو شتێکدا پشت بە ڕۆحی پیرۆز ببەستین.

عیسای مەسیح نەک تەنیا بەهۆی ڕۆحی پیرۆزەوە بەردەوام بوو لە خزمەتەکەی، بەڵکو پەیمانی بە قوتابییەکانی دا کە ئەوانیش هەمان ڕۆح وەردەگرن کە مایەی هاندان و هێزی ئەو بوو. لە (یۆحەنا ٧: ٣٧- ٣٩) دەیخوێنینەوە:

"[٣٧]لە دوایین ڕۆژی گەورەی جەژندا، عیسا ڕاوەستا و هاواری کرد: ئەگەر کەسێک تینووی بوو با بێتە لام و بخواتەوە.
[٣٨]ئەوەی باوەڕم پێ بهێنێت، وەک نووسراوە پیرۆزەکە فەرموویەتی، لە ناخییەوە ڕووبارەکانی ئاوی زیندوو دەڕوات.
[٣٩]لێرەدا مەبەستی لە ڕۆحی پیرۆز بوو، کە ئەوانەی باوەڕی پێدەهێنن دواتر وەریدەگرن، بەڵام هێشتا ڕۆحی پیرۆز نەدرابوو، چونکە عیسا شکۆدار نەببوو."

بەڕاستی دژیەکێکی جوانە! ئێمە وەکو کەسێکی تینوو ناسێنراوین: **"ئەگەر کەسێک تینووی بوو."** پاشان بەهۆی نیشتەجێ بوون و هاتنی ڕۆحی پیرۆزەوە، هەمان ئەو کەسە تینووە کە بەشی خۆیشی ئاوی نەبوو، دەبێتە سەرچاوەی هەڵقوڵانی ئاوی زیندوو. ئەو کەسە چیتر پێویستی بە ئاو نییە بەڵکو بەهۆی ڕۆحی پیرۆزەوە دەبێتە سەرچاوەی دابینکردن بۆ کەسانی دیکە. بۆ هەموو باوەڕدارێک ڕۆحی پیرۆز دەبێت سەرچاوەیەکی بیسنوور بێت.

پاشان لۆقا بەردەوام دەبێت و ڕوونی دەکاتەوە کە هەرچەندە پەیمانەکە لەکاتی خزمەتی زەمینی مەسیح دراوە بەڵام نایەنە دی تا ئەو کاتەی عیسا شکۆدار دەکرێت. لۆقا دەڵێت: **"بەڵام هێشتا ڕۆحی پیرۆز نەدرابوو، چونکە عیسا شکۆدار نەببوو."**

لە (یۆحەنا ١٤: ١٥- ١٨) عیسا بە قوتابییەکانی دەڵێت:

"[15]ئەگەر منتان خۆشبوێ کار بە ڕاسپاردەکانم دەکەن. [16]منیش داوا لە باوک دەکەم یارمەتیدەرێکی دیکەتان بداتێ کە هەتاهەتایە لەگەڵتان بمێنێتەوە، [17]ڕۆحی ڕاستی کە جیهان ناتوانێت وەریبگرێت، چونکە نایبینێت و نایناسێت. بەڵام ئێوە دەیناسن، چونکە لەگەڵتان دەمێنێتەوە و لەناو ئێوەدا دەبێت. [18]بە هەتیوی بەجێتان ناهێڵیم، دێمەوە لاتان."

لێرەدا چەندین خاڵی گرنگ هەن کە شایانی سەرنج و تێڕامانن. یەکەم، مەسیح فەرمووی: **"داوا لە باوک دەکەم یارمەتیدەرێکی دیکەتان بداتێ."** لە هەڵوێستی دەقدا "دیکە" چ واتایەکی هەیە؟ واتە، شەخسی مەسیح بۆ ماوەی سێ ساڵ و نیو لەگەڵ قوتابییەکانی بووە. بە واتایەکی دیکە مەسیح دەڵێت: "من ئێستا خۆم بەجێتاندەهێڵم، بەڵام کەسێکی دیکە کە ئەویش ڕۆحی پیرۆزە دێتە جێگەی من. دووەم، عیسا وشەیەکی تایبەتی بۆ ڕۆحی پیرۆز بەکارهێناوە "یارمەتیدەر." وشە یۆنانییەکەی "پاراکلێت"ـە، بە واتای ئەو کەسە دێت کە دێت بە هاناتەوە و یارمەتیت دەدات.

سێیەم، عیسا لەسەر قسەکانی بەردەوام دەبێت و دەفەرموێت کە ڕۆحی پیرۆز تاهەتایە لەگەڵ قوتابییەکان دەمێنێتەوە. دیسان لە پەیوەندی لەگەڵ قوتابییەکانیدا بەراورد هەیە. بە جۆرێکی دیکە مەسیح دەفەرموێت: "من بۆ ئەم ماوە کورتە کە سێ ساڵ و نیو بوو لەگەڵتانبووم، من دەڕۆم و بەجێتاندێڵم، دڵتەنگ دەبن. پێتان وایە کە بێ یارمەتیدەر دەمێننەوە. بەڵام من یارمەتیدەرێکی دیکەتان بۆ دەنێرم کە ڕۆحی پیرۆزە، کاتێک دێت هەرگیز بەجێتانناهێڵێت و تاهەتایە لەگەڵتان دەمێنێتەوە." پاشان مەسیح دەفەرموێت: **"بە هەتیوی بەجێتان ناهێڵیم، دێمەوە لاتان."** واتە بەبێ ڕۆحی پیرۆز ئەوان هەتیو دەکەوتن، چونکە کەس نەدەبوو گرنگییان پێبدات، یارمەتییان بدات یان ڕێنماییان بکات. بەڵام بەهۆی ڕۆحی پیرۆزەوە هەموو شتێکیان بۆ دابینکراوە.

پاش هەندێک، لە هەمان بابەتدا مەسیح دەگەڕێتەوە سەر هەمان بیرۆکە:

"[7]بەڵام ڕاستیتان پێ دەڵێم: باشترە بۆتان کە بڕۆم، چونکە ئەگەر نەڕۆم، یارمەتیدەرەکەتان بۆ نایەت. بەڵام ئەگەر بڕۆم بۆتانی دەنێرم" (یۆحەنا ١٦: ٧).

عیسا دەڕوات، بەڵام کەسێکی دیکە لەجێگەی ئەو دێت. مەسیح لە (یۆحەنا ١٦: ١٢- ١٥) جارێکی دیکە دەگەڕێتەوە سەر ئەم پەیامە گرنگە:

"[12]هێشتا شتی زۆرم هەیە پێتانی بڵێم، بەڵام ئێستا ناتوانن بەرگەی بگرن. [13]بەڵام کاتێک ئەو دێت، کە ڕۆحی ڕاستییە، ئەو بۆ ڕاستی تەواو ڕێنماییتان دەکات، چونکە لە خۆیەوە هیچ ناڵێت، بەڵکو ئەوەی گوێی لێ دەبێت دەیڵێت و ڕایدەگەیەنێت چی ڕوودەدات. [14]ئەو شکۆدارم دەکات، چونکە ئەوەتان پێ ڕادەگەیەنێت کە لە منەوە وەریدەگرێت. [15]هەموو ئەوەی کە هی باوکە، هی منیشە. لەبەر ئەوە گوتم، ڕۆحی پیرۆز لە هی من وەردەگرێت و پێتانی ڕادەگەیەنێت."

لەبەرئەوەی ئەو پەیمانە جێبەجێکراوە، ئێستا لەسەر زەوی ڕۆحی پیرۆز نوێنەری نیشتەجێبوو و شەخسی خودای باوکە. ڕۆحی پیرۆز ڕاگەیەنەر و لێکدەرەوە و نوێنەری خودای باوک و کوڕە لەسەر زەوی. مەسیح دەفەرموێت: **"ئەوەتان پێ ڕادەگەیەنێت کە لە منەوە وەریدەگرێت."** هەروەها فەرمووی: **"ئەوەی لە منەوە ....."** چونکە **"هەموو ئەوەی کە هی باوکە، هی منیشە."** کەواتە ڕۆحی پیرۆز ڕاگەیەنەر و لێکدەرەوە و بەڕێوەبەری هەموو ئەو شتانەیە کە خودای باوک و کوڕ هەیانە هەموو شتێک بەهۆی ڕۆحی پیرۆزەوە ڕادەگەیەنرێت، لێکدەدرێتەوە و بەڕێوەدەبرێ.

بەشی سێیەم

لە ڕۆژی پەنجایەمیندا چی ڕوویدا

ئەمانەت لەبیر بێت؛ یەکەم، یۆحەنا مەسیحی بە عەمادکاری ڕۆح ناوزەند کرد. ئەوە ناساندنێکی تایبەت بوو بۆ ئیسرایلییەکان. دووەم، ڕۆحی پیرۆز سەرچاوەی هێز و توانای تەواوی خزمەت و فێرکردنەکانی مەسیح بوو، مەسیح بەتەواوی پشتی بە ڕۆحی پیرۆز دەبەست. سێیەم، عیسا پەیمانی بە قوتابییەکانی دا کاتێک خودی خۆی دەگەڕێتەوە بۆ ئاسمان، کەسێکی دیکە وەک نوێنەر لە جێگەی خۆی دەنێرێت تاکو ببێت بە نێوانگر و ئارامبەخش و پارێزەریان و هەمیشە لەگەڵیان دەبێت.

ئێستا دەمانەوێت تیشک بخەینە سەر هاتنە دی ئەو پەیمانەی کە مەسیح بە قوتابییەکانی دا. بەتایبەتی هەڵوەستە دەکەین لەسەر ئەو شتە نوێیە ناوازەیە کە لە ڕۆژی پەنجایەمیندا ڕۆحی پیرۆز هاتە خوارەوە. ئەم پەیمانەش وەکو زۆربەی پەیمانەکانی ناو کتێبی پیرۆز، بە یەک قۆناغ نەهاتە دی، بەڵکو بە چەند قۆناغێک هاتە دی. قۆناغی یەکەم لە کاتی زیندووبوونەوەی مەسیح لەنێو مردووان هاتە دی. لە (یۆحەنا ٢٠: ١٩- ٢٢)دا هاتووە:

"١٩ئێوارەی هەمان ڕۆژ کە یەکەم ڕۆژی هەفتە بوو، لە ترسی ڕابەرانی جولەکە ئەو شوێنەی قوتابییەکانی لێبوو دەرگاکانی داخرابوون، عیسا هات و لەناوەڕاستدا ڕاوەستا و پێی فەرموون: سڵاوتان لێ بێت! ٢٠کە ئەمەی گوت، دەستی و کەلەکەی پیشاندان، جا قوتابییەکان کە مەسیحی خاوەن شکۆیان بینی دڵشاد بوون. ٢١ئینجا دیسان عیسا پێی فەرموون: سڵاوتان لێ بێت! هەروەک چۆن باوک منی ناردووە، منیش دەتاننێرم. ٢٢کە ئەمەی گوت، فووی لێکردن، پێی فەرموون: ڕۆحی پیرۆز وەربگرن."

(ئایەتی ٢٢) شتێکی زۆر گرنگ دەدات بە دەستەوە. لە زمانی عیبریدا، وشەی ڕۆح هەروەها بە واتای "فوو، هەناسە، با" دێت. فووکردن پەیوەندی هەیە بەو کارەی کە مەسیح کردی: "فووی لێکردن و فەرمووی 'ڕۆحی پیرۆز وەربگرن' (ڕۆحی پیرۆز، هەناسەی یەزدان)."

لەو باوەڕەدام کە ئەمە یەکێکە لە قۆناغە هەرە گرنگ و یەکلاکەرەوەکانی هەموو ئەو کارەی کە یەزدان لە تەواوی کتێبی پیرۆزدا بۆ ڕزگاری مرۆڤەکان کردوویەتی. لە کاتی وەرگرتنی ڕۆحی پیرۆزدا چی ڕوویدا؟ لەو ساتەدا، قوتابییە سەرەتاییەکان چونە ناو ڕزگاری پەیمانی نوێوە. پۆڵس لە (ڕۆما ١٠: ٩) ئاماژە بە پێویستییە سەرەکییەکانی ڕزگاری دەکات:

"٩چونکە ئەگەر بە دەمت دانت پیانا کە عیسا پەروەردگارە و بە دڵ باوەڕت کرد کە خودا لەناو مردووان هەڵیستاندەوە، ڕزگار دەبیت."

لە دەقی (یۆحەنا ٢٠: ١٩- ٢٢)دا بۆ یەکەم جار قوتابییەکان بەڕاستی باوەڕیان بەوە کرد کە یەزدان عیسای لەنێو مردووان زیندووکردوەتەوە. بەپێی پەیمانی نوێ، تا ئەو ساتە نەیاندەتوانی ڕزگاریان ببێت. لەو ساتەدا کە قوتابییەکان دانیان بە عیسادا نا وەکو پەروەردگاریان و باوەڕیان بەوە کرد کە یەزدان لەنێو مردووان زیندووی کردوەتەوە، بە ڕزگاری پەیمانی نوێ ڕزگارکران.

دووەم شت کە لەو کاتەدا ڕووی دا ئەوە بوو کە قوتابییەکان دووبارە لەدایک بوونەوە. بوونە بەدیهێنراوی نوێ. هەر یەکێکیان لەڕێگەی هەناسەی یەزدانەوە لە بەدیهێنراوە کۆنەکەوە بوون بە بەدیهێنراوی نوێ. بۆ ئەوەی بە باشی لەمە تێبگەین دەبێت بگەڕێینەوە بۆ بەدیهێنانی یەکەم مرۆڤ لە (پەیدابوون ٢: ٧):

"[٧]جا یەزدانی پەروەردگار پیاوی لە خۆڵی زەوی پێکهێنا و هەناسەی ژیانی فووکردە کونە لووتی. بەمەش پیاوەکە بووە گیانێکی زیندوو (یان ڕۆحێکی زیندوو)."

یەزدان یەکەم مرۆڤی بەدیهێنا کاتێک هەناسەی ژیان (ڕۆحی ژیان، ڕۆحی پیرۆز)ی کردە ناو جەستەیەکی بێ ڕۆحەوە کە لەسەر زەوی بوو. ئەو هەناسەی ژیانە وای کرد ئەو جەستە لە خاک دروستکراوە بێگیانە، ببێتە ڕۆحێکی زیندوو. ئەو دەقەی یۆحەنا کە باس لە بەدیهێنەری نوێ دەکات، لە (دووەم کۆرنسۆس ٥: ١٧)دا پۆڵس بەم شێوەیە وەسفی دەکات: **"[١٧]کەواتە ئەگەر هەرکەسێک لەگەڵ مەسیحدا یەک بگرێت، دەبێت بە بەدیهێنراوێکی نوێ."** هاوشانییەکی ڕاستەوخۆ لەنێوان یەکەم بەدیهێنان و بەدیهێنانی نوێدا هەیە.

لە بەدیهێنانی نوێدا، عیسای مەسیح پەروەردگار و ڕزگارکاری زیندووبوەوەیە کە گوناه و مردن و دۆزەخ و شەیتانی شکستدا. دوای ئەوەی ئەمانەی ئەنجامدا، بۆ قوتابییەکانی دەرکەوت و هەناسەی ژیانی زیندووی پێبەخشین. ئەوە ژیانێکی نوێ بوو، ژیانێک کە بەسەر هەموو هێزەکانی خراپە و مردن و گوناهدا سەرکەوتبوو. بەهۆی ئەم ئەزموونەوە قوتابییەکان لە پەیمانی کۆن دابڕان و هاتنە ناو ڕزگاریی پەیمانی نوێوە؛ بە یەکگرتنیان لەگەڵ مەسیح بوونە بوونەوەری نوێ بەهۆی ئەو هەناسە زیندووەی ژیان کە لە عسای مەسیحەوە وەریانگرت.

گرنگە لەوە تێبگەین کە تەنانەت دوای ئەم ئەزموونەی هەستانەوەی مەسیح، هەموو پەیمانی ڕۆحی پیرۆز هێشتا بە تەواوی جێبەجێنەکرابوو. عیسای مەسیح لە دوای زیندووبوونەوەی لەنێو مردووان بە قوتابییەکانی فەرموو:

"[٤٩]ئەوەتا من بەڵێنەکەی باوکمتان بۆ دەنێرم، بەڵام لە شار (ئۆرشەلیم) بمێننەوە، تاوەکو لە ئاسمانەوە هێزتان لەبەر دەکرێت" (لۆقا ٢٤: ٤٩).

تەنانەت بەشێوەیەکی ڕوونتر، عیسای مەسیح چل ڕۆژ دوای هەستانەوەی لەنێو مردووان و تۆزێک پێش ئەوەی بڕوات بۆ ئاسمان، فەرمووی:

"چونکە یەحیا خەڵکی بە ئاو عماد دەکرد، بەڵام ئێوە پاش چەند ڕۆژێکی کەم بە ڕۆحی پیرۆز عماد دەکرێن" (کرداری نێردراوان ١: ٥).

بەم ئایەتەدا بۆمان دەردەکەوێت کە هەستانەوەی مەسیح لەنێو مردووان هاتنەدی تەواوی پەیمانەکە نەبوو. دەتوانم بڵێم هەموو زانایانی لاهوت و لێکۆڵەرانی کتێبی پیرۆز هاوڕان لەسەر ئەوەی کە هاتنەدی تەواوی پەیمانی وەرگرتنی ڕۆحی پیرۆز لە ڕۆژی پەینجایەمیندا هاتە دی کە لە (کرداری نێردراوان ۲: ۱- ٤)دا هاتووە:

"[۱]کە ڕۆژی پەنجایەمین هات، هەموو پێکەوە لە یەک شوێندا بوون، [۲]لەناکاو دەنگێک لە ئاسمانەوە وەک ڕەشەبا هات، ئەوماڵەی پڕکرد کە تێیدا دانیشتبوون. [۳]ئینجا چەند زمانێکی دابەشبوو وەک ئاگر بۆیان دەرکەوت و لەسەر هەریەکەیان نیشتەوە. [٤]جا هەموویان پڕبوون لە ڕۆحی پیرۆز و دەستیان کرد بە قسەکردنی بە زمانەکانی دیکە، وەک ڕۆح پێی بەخشین."

ڕۆژی پەنجایەمین، دەرخستنی ڕاستی و بەدیهێنان و جێبەجێکردنی پەیمانی وەرگرتنی ڕۆحی پیرۆز بوو. ڕۆحی پیرۆز لە شێوەی ڕەشەبایەکدا لە ئاسمانەوە هاتە خوارەوە و هەموو ئامادەبووانی پڕ کرد و وای لێکردن هەریەکێکیان بە زمانێکی نوێ بدوێن کە پێشتر هیچیان لێنەدەزانی.

لە کۆتایی بەشی دووەمی کرداری نێردراواندا، پەترۆس ڕوونکردنەوەیەکی لاهوتی دەدات لەسەر ئەوەی کە لە جەژنی پەنجایەمیندا ڕوویدا:

"[۳۲]ئەم عیسایە خودا هەڵیستاندەوە، ئێمەش هەموومان شایەتین بۆی. [۳۳]ئینجا بۆ لای دەستە ڕاستی خودا بەرزکرایەوە کە بەڵێنی ڕۆحی پیرۆزی لە باوکەوە وەرگرت، ئەمەی ڕژاند کە ئێوە دەیبینن و دەیبیستن" (کرداری نێردراوان ۲: ۳۲- ۳۳).

دیسان لەم دەقەدا ئاماژە بە هەر سێ کەسەکەی یەزدان کراوە. عیسای کوڕ، ڕۆحی پیرۆزی لە خودای باوک وەرگرت و ڕۆحەکەی بەخشی بەو قوتابییانەی کە لە ماڵێکی ئۆرشەلیم چاوەڕێ بوون. لەو کاتەدا پەیمانی ڕۆحی پیرۆز هاتە دی و جێبەجێکرا. ڕۆحی پیرۆز لە ئاسماندا لەلایەن خودای باوکەوە و عیسای مەسیحەوە نێردرا و چووە ناخ و قوڵایی ئەو قوتابییانەی کە لە ژوورێکدا لە ئۆرشەلیم چاوەڕوان بوون.

سەرنجی ئەوە بدە کە لەو بارودۆخەدا، عیسای مەسیح نەک تەنیا لەنێو مردووان هەستابەوە بەڵکو ڕۆیشتبوو بۆ ئاسمان و شکۆداربووبوو. لەبیرت بێت کە لە (یۆحەنا ۷: ۳۹)دا هاتووە کە پەیمانی بەخشینی ڕۆحی پیرۆز جێبەجێ ناکرێت تاکو مەسیح شکۆدار نەکرێت.

ئێمە خۆمان لەبەردەم دوو یەکشەمەی تایبەت و ناوازەدا دەبینینەوە. یەکشەمەی یەکەمیان، یەکشەمەی زیندووبوونەوە بوو کە تێیدا مەسیح لەنێو مردووان هەستایەوە و ڕۆحی پیرۆز وەکو هەناسەیەک بەخشرا. یەکشەمەی دووەم، یەکشەمەی پەنجایەمین بوو کە تێیدا مەسیح شکۆدار کرا و ڕۆحی پیرۆزیش هاتە سەر قوتابییەکان. بیرت بێت کە هەر یەک لەمانە سەرمەشقن بۆ باوەڕدارەکان، تەنانەت لەم ڕۆژگارەشدا.

ئێستا بە کورتی باسی ئەو ڕووداوە گرنگانە دەکەین کە لەسەرەوە بە وردی باسمان کردن. لە ڕۆژی پەنجایەمیندا ڕۆحی پیرۆز وەکو مرۆڤ هاتە سەر زەوی. ئێستا ئەو هاوڵاتی نیشتەجێبووی سەر زەوییە و نوێنەری تایبەتی خودای باوکە لەسەر زەوی. پێدەچێت ئەوە یاسا بێت (کە من ناتوانم ڕوونی بکەمەوە) کە لە یەک کاتدا تەنیا یەکێک لە سێ کەسەکەی یەزدان (ئالوث) دەتوانێت لەسەر زەوی نیشتەجێ بێت. بۆ چەند ساڵێک عیسا لەسەر زەوی بوو، بەڵام کاتێک عیسا ویستی بگەڕێتەوە بۆ ئاسمان، پەیمانی دا کە کەسێکی دیکە دێتە جێی ئەو کە چەند ساڵێک لەگەڵمان نابێت بەڵکو تاهەتایە لەگەڵمان دەمێنێتەوە. ئەو پەیمانە لە جەژنی پەنجایەمیندا هاتە دی و جێبەجێ کرا. عیسای کوڕ گەڕایەوە بۆ لای خودای باوک. پاشان لەلایەن باوک و کوڕەوە، ڕۆحی پیرۆز نێردرا تاکو جێگەی مەسیح بگرێتەوە.

ئەی باشە ئێستا ڕۆحی پیرۆز لە کوێ دەژیێ؟ ئەم پرسیارە دوو وەڵامی هەیە. یەکەم، ڕۆحی پیرۆز لە کەنیسە دەژیت کە جەستەی مەسیحە. پۆڵس لە (یەکەم کۆرنسۆس ٣: ١٦)دا لە باوەڕدارانی کۆرنسۆس دەپرسێت:

"١٦ئایا نازانن ئێوە پەرستگای خودان و ڕۆحی خوداتان تێدا نیشتەجێیە؟"

پۆڵس لێرەدا باسی پەرستگای هاوبەشی ڕۆحی پیرۆز دەکات کە هەموو باوەڕداران دەگرێتەوە.

دووەم، تەنانەت پۆڵس لە (یەکەم کۆرنسۆس ٦: ١٩) باسی شتێکی زۆر سەرنجڕاکێشتر دەکات. پۆڵس ئەوە ئاشکرا دەکات کە ڕۆحی پیرۆز تەنیا لە یەک بینا و هەیکەلدا نیشتەجێ نابێت بەڵکو ویست و ئیرادەی خودایە کە جەستەی هەریەک لە باوەڕدارەکان ببێتە شوێنی نیشتەجێ بوونی ڕۆحی پیرۆز.

"١٩نازانن کە جەستەتان پەرستگای ڕۆحی پیرۆزە کە لە ئێوەدایە و لە خوداوە بەدەستان هێناوە؟"

ئەمە یەکێکە لەو ئایەتانەی کە زۆر سەرنجڕاکێشە و بە تەواوی تووشی سەرسوڕمانمان دەکات! ئەگەر ئێمە باوەڕداری عیسای مەسیحین و خۆمان بە شوێنکەوتووی مەسیح دەزانین، ئەوا دەبێت جەستەمان نشینگەی ڕۆحی پیرۆزی خودا بێت.

بەشی چوارەم

یارمەتیدەری لە ئێمەدا نیشتەجێیوو

بەشێوەیەکی کردەیی، هاتنی ڕۆحی پیرۆز وەکو یارمەتیدەر چ واتایەکی هەیە؟ دیسان بە سەرنجدان لە (یۆحەنا ١٤: ١٦-١٨) دەستپێدەکەین:

"[١٦]منیش داوا لە باوک دەکەم یارمەتیدەرێکی دیکەتان بداتێ کە هەتاهەتایە لەگەڵتان بمێنێتەوە، [١٧]ڕۆحی ڕاستی، کە جیهان ناتوانێت وەریبگرێت، چونکە نایبینێت و نایناسێت. بەڵام ئێوە دەیناسن، چونکە لەگەڵتان دەمێنێتەوە و لەناو ئێوەدا دەبێت. [١٨]بە هەتیوی بەجێتان ناهێڵیم، دێمەوە لاتان."

وشەی یارمەتیدەر لە زمانی یۆنانیدا پێی دەوترێت "پاراکلێت" کە بە واتای ئەو کەسە دێت کە یارمەتیت دەدات. لەڕاستیدا وشە یۆنانییەکە واتە ئەو یارمەتیدەرەی کە ئیشێکت بۆ ئەنجام دەدات کە خۆت توانای ئەنجامدانیت نییە. هەمان وشەی یۆنانی لە (یەکەم یۆحەنا ٢: ١)دا بەکارهاتووە:

"[١]ڕۆڵە خۆشەویستەکانم، ئەمانەتان بۆ دەنووسم تاکو گوناە نەکەن. بەڵام ئەگەر یەکێک گوناهی کرد، ئەوا لەلای باوک داکۆکیکارمان هەیە، عیسای مەسیح، ڕاستودروستەکە."

لێرەدا وشەی یۆنانی "پاراکلێت" لە زمانی کوردیدا بە "داکۆکیکار" وەرگێڕدراوە. داکۆکیکار واتە کەسێک کە لەجێگەی تۆ قسە دەکات، لە زمانی ئەمڕۆماندا پێی دەڵێین پارێزەر.

کتێبی پیرۆز ئەو ڕاستییە جوانە ئاشکرا دەکات کە ئێمە دوو داکۆکیکار (پارێزەر)مان هەیە. لەسەر زەوی ڕۆحی پیرۆز بۆمان دەپارێتەوە و داکۆکیمان لێدەکات. ئەو شتانەی کە ئێمە ناتوانین بە دروستی بیڵێین، ئەو لەجێگەی ئێمە دەیڵێت، ئەو شتانەی کە لێی تێناگەین ئەو بۆمان لێکدەداتەوە و ڕوونی دەکاتەوە. لە ئاسماندا لەبەردەم یەزدان، عیسای مەسیح پارێزەر و داکۆیکارمانە و بۆمان دەپاڕێتەوە. تەنیا بیر لەوە بکەوە کە ئێمە گەورەترین دوو پارێزەری جیهانمان هەیە. عیسای مەسیحمان هەیە کە لە دەستە ڕاستی خودای باوکدا دانیشتووە و لەسەر زەویش ڕۆحی پیرۆزمان هەیە. بە هەبوونی دوو پارێزەر و داکیکۆکاری لەو شێوەیە چۆن کەیسەکەمان دەدۆڕێنین؟

ڕێگەم بدەن بەردەوام بم و باسی ئەوە بکەم کە مەسیح لەسەر ئەم پارێزەرە چی گوتووە کە لە هەمان کاتدا یارمەتیدەر و پشتگیر و داکۆکیکار و ڕاوێژکارمانە. بۆچوونی خۆم لەسەر ئەو قسانەی مەسیح دەردەبڕم کە پێشتر لە یۆحەنادا باسمان کرد.

"باوک یارمەتیدەرێکی دیکەتان دەداتێ." دەبێت لە گرنگی وشەی "دیکە" تێبگەیت کە بە واتای "شەخس، کەس" دێت. بە واتایەکی دیکە، مەسیح دەفەرموێت: "من کەسم. من دەڕۆم. کاتێک من ڕۆیشتم، کەسێکی دیکە دێتە جێگەی من بۆ یارمەتیدانتان. تا لێرە بووم یارمەتیدەرتان بووم، بەڵام ئێستا دەبێت بڕۆم. ئێوە بێخەم بن چونکە بێ یارمەتیدەر نامێننەوە. یارمەتیدەرێکی دیکە دێت."

"هەتاهەتایە لەگەڵتان دەمێنێتەوە." مەسیح دەفەرموێت: "من سێ ساڵ و نیوە لەگەڵتانم. من دەبێت بەجێتانبهێڵم بەڵام دڵتەنگ مەبن، چونکە کەسێکی دیکە دێتە جێگەی من، ئەو هەرگیز بەجێتان ناهێڵێت. هەتاهەتایە لەگەڵتان دەمێنێتەوە."

"لەگەڵتان دەمێنێتەوە و لەنێو ئێوەدا دەبێت." دەستەواژەی "لەنێو ئێوە" زۆر گرنگە. ئەم پارێزەر و یارمەتیدەرە لە ئێمەدا ژیان دەباتە سەر. ئێمە ناونیشانی شوێنی نیشتەجێبوونی ئەوین.

"بە هەتیوی بەجێتان ناهێڵم." واتە ئەگەر مەسیح بڕۆیشتبا و هیچی بۆ دابین نەکردبان، ئەوا ئەو کاتە قوتابییەکانی هەتیو دەکەوتن و کەس نەدەبوو ئاگاداریان بێت و یارمەتییان بدات و شتەکانیان بۆ ڕوونبکاتەوە.

"دێمەوە لاتان." ئەمە زۆر گرنگە. مەسیح لەشێوەی ڕۆحی پیرۆزدا دەگەڕێتەوە بۆ لای قوتابییەکانی. کاتێک مەسیح لە شێوەی مرۆڤ لەسەر زەوی بوو، تەنیا دەیتوانی لە یەک کاتدا لە یەک شوێن بێت. تەنیا دەیتوانی قسە لەگەڵ پەترۆس و یۆحەنا و مریەم بکات کاتێک پێکەوە بوون، بێگومان نەیدەتوانی قسە لەگەڵ هەرسێکیان بکات لە سێ شوێنی جیاوازدا و لە هەمان کاتدا. لەڕووی کات و شوێنەوە سنووردار بوو. ئێستا کە بە شێوەی ڕۆحی پیرۆز گەڕاوەتەوە، بێسنوورە لە هەموو بوارێکەوە. لە هەمان ساتدا دەتوانێت لە ئوسترالیا قسە لەگەڵ باوەڕدارێکدا بکات و لە ئەمریکا قەشەیەک پیرۆز بکات؛ دەکرێت لە بیابان یان دارستانێکی ئەفریقا بێت و موژدەگەرێک شیفا بدات یان هێزی پێبدات. سنووردار نییە بە هیچ شێوەیەک. گەڕایەوە بەڵام ئەمجارە کات و شوێن ناتوانن سنوورداری بکەن.

لەڕاستیدا دەمەوێ هەندێک زیاتر لەسەر بابەتی گۆڕینی کەسەکان بڕۆم؛ کەسێک دەڕوات و کەسێک دێت. لە (یۆحەنا ١٦: ٥- ٧) مەسیح دەفەرموێت:

"[5]ئێستا دەچمە لای ئەوەی ناردوومی و کەستان ناپرسێت: بۆ کوێ دەچیت؟ [6]چونکە ئەمەم پێ گوتن، دڵگرانی دایگرتن. [7]بەڵام ڕاستیتان پێ دەڵێم: باشترە بۆتان کە بڕۆم، چونکە ئەگەر نەڕۆم، یارمەتیدەرەکەتان بۆ نایەت. بەڵام ئەگەر بڕۆم بۆتانی دەنێرم."

ئەم دەقە زۆر ڕوونە. مەسیح دەفەرموێت: "تا ئەو کاتەی من لەسەر زەوی لەگەڵتانم، ڕۆحی پیرۆز لە ئاسمان دەبێت. بەڵام ئەگەر بڕۆم ئەوا لەجێگەی خۆم کەسێکی دیکەتان بۆ دەنێرم کە ڕۆحی پیرۆزە." لێرەدا گۆڕینی نێوانی سیانەی (ئالوث)

خودایی دەبینین. بۆ ماوەیەکی کاتی خودای کوڕ، وەکو مرۆڤ لەسەر زەوی بوو، کاتێک خزمەتەکەی کۆتایی هات گەڕایەوە بۆ ئاسمان. لەجێگەی ئەو ڕۆحی پیرۆز (کەسێکی دیکە) هاتە سەر زەوی بۆ ئەوەی بەردەوام بێت لەسەر ئەو کارەی کە مەسیح دەستی پێکرد.

مەسیح دەفەرموێ کە بۆ ئێمە وا باشترە ئەو بڕوات. بۆ ئێمە وا باشترە کە ڕۆحی پیرۆز لەسەر زەوی بێت و مەسیح لە ئاسمان نەوەک بە پێچەوانەوە. بەڵام کەسانێکی کەم دەرک بەم ڕاستییە دەکەن. مەسیحییەکان هەمیشە دەڵێن: "خۆزگە لەو سەردەمەدا بژیابایین کە مەسیح لەسەر زەوی بوو." بەڵام مەسیح دەفەرموێ: "بۆ تۆ بەم شێوەیەی ئێستا باشترە. ئەگەر من لە ئاسمان بم و ڕۆحی پیرۆز لەسەر زەوی ئەوا زۆر باشترە بۆ تۆ لەوەی کە بە پێچەوانەوە بێت."

ڕێگەم بدە ئەمە لە ڕوانگەی ئەزموونی قوتابییە سەرەتاییەکانەوە لێکبدەمەوە. سەرنجی ئەو بدە چی ڕوویدا کاتێک یەکەم جار بوو کە ڕۆحی پیرۆز هات. دەستبەجێ سێ شت ڕوویدا:

یەکەم، قوتابییەکان لە پلان و بەرنامەی خودا و خزمەتەکەی مەسیح زۆر باشتر تێگەیشتن لەو کاتەی کە مەسیح لەسەر زەوی بوو. ئەوە ڕاستییەکی زۆر سەرسوڕهێنەرە کە هەرچەندە قوتابییەکان باش لەو شتانە تێنەدەگەیشتن کە لە دەوروبەریان ڕوویدەدا بەڵام کاتێک کە ڕۆحی پیرۆز هات، تێگەیشتنیان لە پلانی خودا و پەیامی مەسیح تەواو خێرا و جیاواز بوو.

دووەم، قوتابییەکان لە ڕادەبەدەر ئازا و بەجەرگیان لێدەرچوو. تەنانەت لەدوای هەستانەوەی عیسا لەنێو مردووان، هێشتا لەنێو ماڵەکانیان لە ترسی جوولەکەکان خۆیان حەشاردەدا. ئامادەنەبوون کە پەیامی مەسیح بڵاوبکەنەوە و مزگێنی بدەن، هەروەها تەیار و ئامادە نەبوون. بەڵام هەرکە ڕۆحی پیرۆز هات، ئەوە گۆڕا. پەترۆس بەوپەڕی ئازایەتی و متمانەوە تەواوی چیرۆکی مەسیحی بە جوولەکەکانی ئۆرشەلیم گوت و تاوانی لەخاچدانیشی بۆ باسکردن.

سێیەم، دڵنیاییان لە هێزی سەروو سروشتەوە وەردەگرت. ئەو کاتەی کە ڕۆحی پیرۆز هات، پەرجوو ڕوویدا. وەکو ئەوە وابوو کە مەسیح خۆی گەڕابێتەوە بۆ لایان. مەسیح دەفەرموێت: "کاتێک ڕۆحی پیرۆز دێت، من لە ئەودا دەگەڕێمەوە، لەگەڵ ئێوە دەبم. وەکو هەتیو بەجێتان ناهێڵم."

بەشی پێنجەم

ئاشکراکردنی وشەی یەزدان

ڕۆحی پیرۆز یارمەتیمان دەدات، ئاسوودەییمان پێدەبەخشێت و بە شێوەی تایبەت پێویستییەکانمان دابین دەکات. یەکەم جار دەڕوانینە ئاشکراکردنی وشەی یەزدان. ڕۆحی پیرۆز ئاشکراکەر و لێکدەرەوەی وشەی یەزدانە. لە (یۆحەنا ١٤: ٢٥- ٢٦) مەسیح بە قوتابییەکانی فەرموو:

"[٢٥]ئەمانەم پێ گوتن کە هێشتا لەلاتانم. [٢٦]بەڵام یارمەتیدەرەکە، ڕۆحی پیرۆز، ئەوەی باوک بە ناوی منەوە دەینێرێت، ئەو هەموو شتێکتان فێردەکات و هەموو ئەو شتانەی پێم گوتوون بیرتان دەخاتەوە."

ئەو دوو کارەی ڕۆحی پیرۆز کە لە (ئایەتی **٢٦**)دا ئاماژەی پێکراوە گرنگن: **"هەموو شتێکتان فێردەکات و هەموو ئەو شتانەی پێم گوتوون بیرتان دەخاتەوە"**، واتە فێرکردن و بیرخستنەوە. هەموو ئەو شتانەیان بەبیر دێنێتەوە کە مەسیح فێری کردن. لەمەوە بۆم دەردەکەوێت کە نووسراوی نامەی قوتابییەکان بە فکر و زەینی لاوازی مرۆڤەکان نەنووسراوە بەڵکو بە وەحیی ڕۆحی پیرۆز نووسراون. لەوانەیە قوتابییەکان بە وردی هەندێ شتیان بیر نەکەوتبێتەوە بەڵام هەر شتێکیان پێویستبایە بەبیر بێتەوە، خودی ڕۆحی پیرۆز بەبیری دەهێنانەوە.

ڕۆحی پیرۆز نەک تەنیا ئاگای لە ڕابردوو بووە بەڵکو ئاگای لە داهاتووش بووە. هەموو ئەو شتانەی فێر قوتابییەکان کرد کە پێویستیان بە فێربوونیان بوو. ئەمە بۆ ئێمەش ڕاستە و ئێمەش دەگرێتەوە. ڕۆحی پیرۆز مامۆستای ئێستامانە لەسەر زەوی. کاتێک مەسیح لەسەر زەوی بوو، مامۆستایەکی زۆر مەزن بوو، بەڵام مەسیح ئەو کارەی بە نوێنەرەکەی سپارد کە ڕۆحی پیرۆزە. ڕۆحی پیرۆز لێرەیە بۆ ئەوەی ئەو شتەمان فێربکات کە ئێمە لەسەر وشەی خودا پێویستە بیزانین.

ئەمە وای لە قوتابییەکان کرد کە هاوئاستی پێغەمبەرانی پەیمانی کۆن بن. لەبارەی پێغەمبەرانەوە، پەترۆس دەڵێت:

"[٢١]چونکە هەرگیز پێشبینی بە خواستی مرۆڤ نەهاتووە، بەڵکو ڕۆحی پیرۆز ڕابەرایەتی مرۆڤەکانی کردووە بۆ ئەوەی پەیامی خودا ڕابگەیەنن" (یەکەم پەترۆس ١: ٢١).

دەسەڵات و دەقیقیی پێغەمبەرانی پەیمانی کۆن بەهۆی ڕۆحی پیرۆزەوە بوو. ڕۆحی پیرۆز بەرپرسیار بوو لەسەر ئەوەی کە پێغەمبەرەکان دەیانگوت کاتێک لەسەریان جێگیر دەبوو. هانی دەدان و ڕابەرایەتی کردوون. ئەمە بۆ پەیمانی نوێش ڕاستە و هەمان شتمان لە نووسینی پەیمانی نوێشدا هەیە. مەسیح دڵنیا بوو لەوەی کە ڕۆحی پیرۆز هەموو ئەو شتانە بیر قوتابییەکان دێنێتەوە کە ئەو پێی وتبوون و ئەو شتانەیان فێردەکات کە پێویستیان پێیەتی. ڕۆحی پیرۆز نووسەری

ڕاستەقینەی هەموو کتێبی پیرۆزە، بە پەیمانی کۆن و نوێشەوە. پۆڵس لە (دووەم تیمۆساوس ٣: ١٦) ئەمەی بە جوانی ڕوون کردوەتەوە:

"[١٦]هەموو نووسراوە پیرۆزەکان لە سروشی خودان، سوودبەخشن بۆ فێرکردن و سەرزەنشت و ڕاستەڕێکردن و لێڕاهێنان لە ڕاستودروستی."

وشەی "سروش" دەرخەری ئەو ڕاستییەیە کە ڕۆحی پیرۆز ئەنجامدەری ڕاستەقینەی کارەکەیە. ڕۆحی پیرۆز هەموو ئایەتەکانی بەخشیوەتە مرۆڤەکان و بەو هۆیەوە کتێبی پیرۆز نووسراوە.

دابینکردنی هەموو شتێک لە لایەن خوداوە وادەکات دڵشاد و خۆشحاڵ بم. ڕۆحی پیرۆز نووسەری کتێبی پیرۆزە و مامۆستای شەخسی ئێمەیە لە تێگەیاندنی کتێبی پیرۆزدا. بەو شێوەیە نووسەری کتێب خۆی دەبێت بە لێکدەرەوەی کتێب. کێ لە خودی نووسەر باشتر دەتوانێت کتێبەکەی ڕوون بکاتەوە؟ من خۆم زیاتر لە بیست کتێبم نووسیوە. هەندێ کات گوێ لە کەسانی دیکە دەگرم کە کتێبەکەم ڕوون دەکەنەوە و شی دەکەنەوە، زۆربەی کات بە باشی ئەو کارە دەکەن بەڵام من هەمیشە دەڵێم: "ئەوەت لەبیر چوو باس بکەیت." یان دەڵێم: "لەو بەشە باش تێنەگەیشتوویت." لەم حاڵەتەدا، ڕۆحی پیرۆز کە خۆی نووسەری کتێبی پیرۆزە، هەر خۆیشی لێکدەرەوە و شیکەرەوەیەتی. هیچ شتێک بەسەریدا تێناپەڕێت، هەر هەمووی بە دروستی لێکدەداتەوە. ئەگەر بتوانین گوێ لەو بگرین و لەو وەربگرین، ئەو کات بەڕاستی دەزانین کە کتێبی پیرۆز دەیەوێت چی بڵێت.

دەرکەوتن و ئاشکراکردنی کتێبی پیرۆز دەرەنجامی دەستبەجێی ڕۆژی پەنجایەمین بوو. کاتێک ڕۆحی پیرۆز هاتە سەر قوتابییەکان، ئەو کۆمەڵە خەڵکە بێباوەڕەی کە لەوێ بوون، وتیان: "ئەوانە سەرخۆشن." بەڵام پەترۆس هەستا و پێی وتن:

"[١٥]وەک بیردەکەنەوە ئەمانە سەرخۆش نین، لەبەر ئەوەی هێشتا کاتژمێر نۆی بەیانییە! [١٦]بەڵکو بەهۆی یۆئێل پێغەمبەر گوتراوە" (کرداری نێردراوان ٢: ١٥- ١٦).

پەترۆس تا ئەو کاتە هیچ لە پێشبینییەکەی پێغەمبەر یۆئێل تێنەگەیشتبوو. لەڕاستیدا تەنانەت زۆر کەم دەیتوانی لە فێرکردنەکانی مەسیح تێبگات. بەڵام هەرکە ڕۆحی پیرۆز هات، وای کرد کە بە ڕێگەیەکی تەواو نوێ لە کتێبی پیرۆز تێبگات چونکە خودی نووسەر لێکدەرەوە و ڕوونکەرەوە بوو.

هەمان شت پۆڵسی نێردراویش دەگرێتەوە. پۆڵس کەنیسەی دەچەوساندەوە و پەیامی مەسیحی ڕەتدەکردەوە. لە (کرداری نێردراوان ٩: ١٧)دا دەیخوێنینەوە:

[17] "حەنانیاش ڕۆیشت و چووە ماڵەکە، دەستی لەسەری دانا و گوتی: برام شاول، عیسای خاوەن شکۆ منی ناردووە، ئەوەی لەو ڕێگایەی پێیدا هاتی بۆت دەرکەوت، تاکو دیسان ببینیت و پڕبیت لە ڕۆحی پیرۆز."

پۆڵس دەستبەجێ دوای ئەو ڕووداوە، دەستیکرد بە مزگێنیدان لە کەنیشتەکاندا و دەیگوت کە مەسیح کوڕی خودایە واتە ئەو شتەی فێری خەڵکی دەکرد کە خۆی ڕەتیدەکردەوە و دژی دەوەستایەوە. بەڵام ئەو ساتەی کە ڕۆحی پیرۆز هات، ڕوانین و بیروباوەڕی تەواو گۆڕا. واتە لە تاریکییەوە بەرەو ڕووناکی ڕۆیشت. ئەمە هەنگاو بە هەنگاو ڕوویندا، بەڵکو دەستبەجێ ڕوویدا چونکە ڕۆحی پیرۆز کە مامۆستا و نووسەری کتێبی پیرۆزە لە ناخی پۆڵسدا بوو.

کاتێک باس لە ڕۆحی پیرۆز دەکەین وەکو دەرخەر و لێکدەرەوەی وشەی خودا، دەبێت ئەوە لە مێشکماندا بچەسپێنین کە نەک تەنیا کتێبی پیرۆز وشەی خودایە بەڵکو مەسیح خۆی پێی وتراوە وشەی خودا. لە (یەکەم یۆحەنا ۱: ۱) لەبارەی مەسیحەوە دەیخوێنینەوە:

[1] "لە سەرەتادا، وشەکە هەبوو، وشەکە لەلای خودا بوو، وشەکە خۆی خودا بوو."

لەم ئایەتەدا سێ جار بە عیسا وتراوە "وشەکە." (یۆحەنا ۱: ۱٤) دەڵێت:

[14] "وشەکەش بووە مرۆڤ و لەنێوانماندا نیشتەجێ بوو. شکۆی ئەومان بینی، وەک شکۆی تاقانەیەک لە باوکەوە، پڕ لە نیعمەت و ڕاستی."

کتێبی پیرۆز وشەی نووسراوی یەزدانە بەڵام عیسای مەسیح وشەی شەخسی خودایە. بێگومان ناوازەبوونی ئەمە لەوەدایە کە بە تەواوی هاواهەنگن و ڕێکەوتنی تەواو لە نێوانیاندایە.

ڕۆحی پیرۆز نەک تەنیا وشەی یەزدان لێکدەداتەوە و دەریدەخات، بەڵکو وشەی شەخسی یەزدانیش کە مەسیحە لێکدەداتەوە و دەریدەخات. عیسای مەسیح لەبارەی ڕۆحی پیرۆزەوە فەرمووی:

[12] "هێشتا شتی زۆرم هەیە پێتانی بڵێم، بەڵام ئێستا ناتوانن بەرگەی بگرن. [13] بەڵام کاتێک ئەو دێت، کە ڕۆحی ڕاستییە، ئەو بۆ ڕاستی تەواو ڕێنمایتان دەکات، چونکە لە خۆیەوە هیچ ناڵێت، بەڵکو ئەوەی گوێی لێ دەبێت دەیڵێت و ڕایدەگەیەنێت چی ڕوودەدات. [14] ئەو شکۆدارم دەکات، چونکە ئەوەتان پێ ڕادەگەیەنێت کە لە منەوە وەریدەگرێت. [15] هەموو ئەوەی کە هی باوکە، هی منیشە. لەبەر ئەوە گوتم، ڕۆحی پیرۆز لە هی من وەردەگرێت و پێتانی ڕادەگەیەنێت."

(ئایەتی ١٢) پێمان دەڵێت کە عیسای مەسیح هەموو شتێکی باس نەکرد، چونکە متمانەی تەواوی بە ڕۆحی پیرۆز هەبوو و دەیزانی کە ڕۆحی پیرۆز دێت. پاشان ئەوە ڕوونی دەکاتەوە کە ڕۆحی پیرۆز چی دەکات کاتێک دێت.

ڕۆحی پیرۆز ئەو شتە وەردەگرێت کە هی عیسای مەسیحە و بۆمانی ئاشکرا دەکات. عیسای مەسیحمان بۆ شکۆدار دەکات. عیسامان لە شکۆداربوون و تەواوبوون و بێگەردبوونیدا بۆ دەردەخات. هەموو لایەنێکی سروشت و کەسایەتی و خزمەتی عیسای مەسیح لەلایەن ڕۆحی پیرۆزەوە بۆمان ئاشکراکراوە.

زۆر مایەی سەرنجە کە کاتێک ڕۆحی پیرۆز لە ڕۆژی پەنجایەمیندا لە ئۆرشەلیم هاتە سەر قوتابییەکان، هیچ گومانێکیان لەوە نەما کە عیسا لەکوێیە. دەیانزانی کە بەوپەڕی شکۆوە گەیشتووەتە لای خودای باوک. ڕۆحی پیرۆز شتەکانی مەسیحی وەرگرت و بۆ قوتابییەکانی دەرخست و ڕوونی کردەوە؛ ئەو شتانەی لە کتێبی پیرۆز و یادەوەری مێشکی قوتابییەکان و پەیوەندییان لەگەڵ مەسیح وەرگرت.

ڕۆحی پیرۆز مەسیح دەردەخات و شکۆداری دەکات. هەروەها سەرپەرشتی سامانی تەواوی یەزدان و مەسیح دەکات چونکە ئەوەی هی باوکە هی کوڕەکەشە و ئەوەی کە کوڕەکە هەیەتی ڕۆحی پیرۆز سەرپەرشتی دەکات. هەربۆیە مایەی پرسیار نییە کە ئێمە بۆ هەتیو ناکەوین چونکە دەزانین کە ڕۆحی پیرۆز سەرپەرشتیارمانە و هەموو سامانی یەزدانی لەبەردەستە.

بەشی شەشەم

بەرزبوونەوە بۆ ئاستی سەروو سروشت

دووەم دەرەنجامی سەرەکی هاتنی ڕۆحی پیرۆز بریتییە لە بەرزبوونەوەی ئێمە بۆ ئاستی سەروو سروشتی ژیان. دوو ئایەتی سەرنجڕاکێش لە عیبرانییەکان باسی مەسیحییەکان دەکات لە ڕوانگەی پەیمانی نوێوە:

"[4]چونکە ناکرێ ئەوانەی جارێک ڕووناک کراونەتەوە و تامی بەهرەی ئاسمانییان کردووە و بەشدار بوون لە ڕۆحی پیرۆز، [5]هەروەها تامی وشەی باشی خودا و هێزەکانی ڕۆژگاری داهاتوویان کردووە."

لێرەدا سەبارەت بە باوەڕدارەکانی پەیمانی نوێ، باسی پێنج شت کراوە:

یەکەم، **ڕووناک کراونەتەوە.**

دووەم، **تامی بەهرەی ئاسمانییان کردووە،** لەو باوەڕەدام مەبەستی ئەوەیە کە بەهۆی مەسیحەوە دیاری ژیانی هەتاهەتاییان بەدەستهێناوە.

سێیەم، **بەشداربوون لە ڕۆحی پیرۆز،** یان بوون بە هاوبەشی ڕۆحی پیرۆز.

چوارەم، **تامی وشەی باشی خودایان کردووە،** واتە وشەی خودا ڕاست و زیندوو بووە بۆیان.

پێنجەم، **تامی هێزەکانی ڕۆژگاری داهاتوویان کردووە.**

هەموو شوێنکەوتوانی مەسیح لەو باوەڕەدان کە لە ڕۆژگاری داهاتوودا جیاواز دەبین. ئەوکات ڕزگارمان دەبێت لە زۆربەی ئەو سنوورانەی بۆ جەستەمان دانراون، چونکە جەستە و شێوازی ژیانی تەواو جیاوازمان دەبێت. بەڵام زۆر لە مەسیحییەکان ناتوانن دەرک بەوە بکەن کە لەم ژیانەشدا دەتوانن تامی هەندێک لەو شتانەی ڕۆژگاری داهاتوو بکەن. دەتوانین **"تامی ڕۆژگاری داهاتوو بکەین."** ئێمە تەنیا دەتوانین تامی بکەین، ناتوانین بە تەواوی بەکاریانبهێنین؛ بەڵام دەتوانین لەم ژیانەشدا تۆزێک لەسەر چۆنیەتی ژیانی ڕۆژگاری داهاتوو بزانین.

پۆڵس لەم بارەیەوە دەستەواژەیەکی زۆر سەرنجڕاکێشی بەکارهێناوە. لە (ئەفەسۆس ١: ١٣- ١٤) بە باوەڕداران دەڵێت:

"[13]کاتێک گوێتان لە پەیامی ڕاستی گرت کە مزگێنی ڕزگاریتانە، ئێوەش لەگەڵ مەسیح یەکتان گرت و ئەو یەکێتییەتان لەگەڵ مەسیح سەلمێنرا، چونکە کاتێک باوەڕتان هێنا ڕۆحی پیرۆزی بەڵێنپێدراو وەک مۆرێک دەستنیشانی کردن. [14]ڕۆحی پیرۆزیش پێشەکی دەستەبەری میراتەکەمانە، بۆ کڕینەوەی گەلی تایبەتی خودا، بۆ ستایشکردنی شکۆیەکەی."

"دەستەبەر" وشەیەکی زۆر تایبەتە و جوانە. ڕۆحی پیرۆز. ئێستا تا ڕۆژگاری داهاتوو دەستەبەری خودایە لە ئێمەدا. لەسەر ئەم وشەیەی کە لەم ئایەتەدا بەکارهاتووە لێکۆڵینەوەم کردووە، بە زمانی یۆنانی "ئارابۆن" بەکارهاتووە کە لە بنەمادا وشەیەکی عیبرییە.

چەندین ساڵ لەمەوپێش، ئەگەر هەڵە نەبم ساڵی ١٩٤٦ بوو کاتێک لەڕێگەی ئەزموونێکی زۆر جوانەوە بە باشی لە واتای "ئارابۆن" یان دەستەبەر تێگەیشتم. من و یەکەم هاوسەرم چووین بۆ بازاڕی ئۆرشەلیم تاکو بۆ خانووە نوێکەمان هەندێک پەردە بکڕین. ئەو شتانەمان دیتەوە کە پێویستمان بوو، با بڵێین یەک مەتر بە یەک دۆلار بوو، ئێمە پەنجا مەترمان دەویست، بە خاوەن دوکانەکەم وت، ئێستا پەنجا دۆلارم پێ نییە بەڵام فەرموو ئەمە دە دۆلار، ئەو پەردانە هی منن، بە جیا دایانبنێ و بۆت نییە بیفرۆشیت بە کەس. زوو دێمەوە و باقی پارەکە دێنم و پەردەکان دەبەم. ئەوە وەسفی وشەی "ئارابۆن"، دەستەبەر بوو.

ڕۆحی پیرۆز دەستەبەری یەزدانە لە ئێمەدا. یەزدان هەر ئێستا لەڕێگەی بەخشینی ڕۆحی پیرۆزەوە دەستەبەری پێشەکی ژیانی ڕۆژگاری داهاتوومان پێدەدات. کاتێک ئەو دەستەبەرە پێشەکییەمان بەدەست دەگات، وەکو ئەو پەردانەی سەرەوە دەبین. بەلاوە دەنرێین تاکو بە کەسی دیکە نەفرۆشرێین. دەستەبەر زەمانەتی ئەوە دەکات کە ئەو دەگەڕێتەوە و باقی پارەکە دێنێت تاکو تەواو بمانکڕێت. هەر لەبەر ئەمەیە کە پۆڵس باسی دەستەبەر دەکات "بۆ کڕینەوەی گەلی تایبەتی خودا." ئێمە پێشوەخت هی یەزدانین، بەڵام جارێ پارەی پێشەکیمان دراوە، هێشتا پارەی تەواو ماوە بدرێت. ڕۆحی پیرۆز لە ڕۆژگاری داهاتوودا دەستەبەری پێشەکی ژیانی ئێمەیە لە یەزداندا. ئەم ژیانە سەروو سروشتە پەلدەکێشێت بۆ هەموو لایەنێکی ئەزموونمان.

دەمەوێت دەقێک لە کتێبێکم بە ناوی "مەبەستی ڕۆژی پەنجایەمین" وەربگرم کە پێداگری لەسەر ئەم بابەتە دەکات. لەو کتێبەمدا بەم شێوەیەم نووسیوە:

ئەگەر بە هزرێکی کراوەوە پەیمانی نوێ بخوێنین، ناچار دەبین کە دان بەو ڕاستییەدا بنێنین کە تەواوی ژیان و ئەزموونی مەسیحییە سەرەتاییەکان لە هەموو لایەنێکەوە لە ژێر کاریگەری هێزی سەروو سروشتەوە بەڕێوەدەچوو. ئەزموونی سەروو سروشت بەڕێکەوت ڕوونادات، یان شتێکی زیادە نییە، بەڵکو بەشێکی تەواوی ژیانیانە وەکو مەسیحی. نوێژەکانیان و فێرکردنەکانیان سەروو سروشت بوون، بەشێوەیەکی سەروو سروشت ڕێنوێنی کران و هێز و توانایان پێدرا و گوازرانەوە و پارێزران.

ئەگەر بابەتی سەروو سروشت لە کتێبی کرداری نێردراوان دابڕین ئەوا هیچمان بۆ نامێنێتەوە جگە لە کتێبێکی ناهاواهەنگ و بێواتا. لە بەشی دووەمی کرداری نێردراوانەوە لەو کاتەدا کە ڕۆحی پیرۆز هاتە سەر قوتابییەکان تا کۆتایی کتێبەکە بەشێک پەیدا ناکەیت کە هێزی سەروو سروشت دەورێکی سەرەکی تێدا نەبینییێت.

لە باسی خزمەتەکەی پۆڵسدا لە ئەفەسۆس لە (کرداری نێردراوان ١٩: ١١)دا بابەتێکی زۆر سەرنجڕاکێش و مایەی تێڕامان دەبینین:

"[11]خوداش پەرجووی سەرسوڕهێنەری بە دەستی پۆڵس ئەنجام دەدا."

سەرنجی "پەرجووی سەرسوڕهێنەر" بدە. واتا یۆنانییەکەی دەکرێت بەم شێوەیە وەربگێڕدرێت: "پەرجووێک کە هەموو ڕۆژێک ڕوونادات." لە کەنیسە سەرەتاییەکاندا پەرجوو شتێکی ڕۆژانە بوو. بەشێوەیەکی گشتی لەو سەردەمەدا پەرجوو نەدەبووە هۆی سەرسوڕمانی خەڵکی و هیچ قسە و باسێکی بەدوای خۆیدا نەدەهێنا. بەڵام ئەو پەرجووانەی کە لە ئەفەسۆس لە سەر دەستی پۆڵس ئەنجام دران ئەوەندە تایبەت بوون کە کەنیسە سەرەتاییەکانیش بە شیاوی ئەوەیان زانینەوە کە بە تایبەتی تۆماریان بکەن.

لە ڕۆژگاری ئەمڕۆماندا لە چەند کەنیسەدا ئەو جۆرە پەرجووە دەبینین کە "هەموو ڕۆژێک ناکرێت ڕووبدات"؟ لەم ڕۆژگارەدا لە چەند کەنیسەدا تەنانەت پەرجووی ئاسایی دەبینین؟

یەکێک لەو لایەنانەی کە تێیدا هێزی سەروو سروشت بە تایبەتی لە ژیانی مەسیحییە سەرەتاییەکاندا ئاشکرا کرا، ئەو ئاراستە سەروو سروشتییە بوو کە لە ڕۆحی پیرۆزیانەوە وەرگرت. لە (کرداری نێردراوان ١٦) لە بارەی دووەم گەشتی مزگێنیدانی پۆڵس و هاوڕێکانییەوە دەیخوێنینەوە. ئەوان لە ئاسیای بچووک بوون و کتێبی پیرۆز دەڵێت کە ئەوان:

"[6]..... ڕۆحی پیرۆز ڕێی نەدان لە ناوچەی ئاسیا پەیامی خودا ڕابگەیەنن. [7]..... هەوڵیان دا بەرەو ناوچەی بیسینیا بڕۆن، بەڵام ڕۆحی عیسا ڕێگای نەدان" (کرداری نێردراوان ١٦: ٦- ٧).

هەوڵیان دا بەرەو ڕۆژاوا بڕۆن بەڵام ڕۆحی پیرۆز ڕێگەی پێنەدان. پاشان هەوڵیان دا بەرەو باکوری ڕۆژهەڵات بڕۆن، بەڵام ڕۆحی پیرۆز وتی "نەخێر، بۆتان نییە بڕۆن." (کرداری نێردراوان ١٦: ٨- ١٠) بەردەوام دەبێت:

"[8]ئەوسا بە میسیادا تێپەڕین و هاتنە ترۆیاس. [9]لە شەودا پۆڵس بینینێکی بۆ دەرکەوت، پیاوێکی مەکدۆنی ڕاوەستابوو، لێی دەپاڕایەوە: وەرە بۆ مەکدۆنیا و یارمەتیمان بدە. [10]پاش ئەوەی بینینەکەی بۆ دەرکەوت، هەوڵماندا دەستبەجێ بەڕێ بکەوین بۆ مەکدۆنیا، دڵنیا بووین کە خودا بانگی کردووین تاکو مزگێنییان بدەینێ."

ئەمە ڕووداوێکی زۆر گرنگ و سەرنجڕاکێشە نموونەی دەستێخستن (تداخل) و دەسەڵاتداری ڕۆحی پیرۆز دەردەخات. لەو بارودۆخەی جوگرافیای ئەواندا ئاسایی بوو ئەگەر بەرەو ڕۆژاوا بۆ ئاسیا یان بەرەو باکوری ڕۆژهەڵات بۆ بیسینیا بڕۆیشتبان. نائاسایی دەبوو ئەگەر دوو ناوچەیە تێبپەڕێنن و نەڕۆن؛ بەرەو باکوڕ بڕۆن و بپەڕێنەوە بۆ قاڕەی ئەوروپا.

ئەگەر چاوێک بخشێنین بە مێژووی دوای دامەزراندنی کەنیسە، دەبینین کە قاڕەی ئەوروپا لە دوو لایەنەوە دەورێکی زۆر تایبەتی گێڕاوە؛ یەکەم، وشەی خودای لە سەردەمی تاریکیدا (سەدەکانی ناوەڕاست) پاراست، دووەم، بۆ ماوەی چەندین ساڵ بوو بە قاڕەیەکی سەرەکی بۆ ڕاگەیاندن و بڵاوکردنەوەی وشەی خودا بۆ نەتەوەکانی دیکە. یەزدان ئامانجی هەرە گەورەی هەبوو کە چەندین سەدەی دوای ئەوەی گرتەوە. پۆڵس و هاوڕێکانی هەرگیز بە لێکدانەوەی ئاسایی خۆیان نەیاندەتوانی ئەوە کەشف بکەن، بەڵام لەڕێگەی ڕێنوێنی کردنی سەروو سروشتی ڕۆحی پیرۆزەوە ڕێک هاتنە ناو مەبەستی تەواوی یەزدانەوە. ڕێنوێنی سەروو سروشتی ڕۆحی پیرۆز لەسەر ژیانیان کاری کردە سەر تەواوی مێژوو.

ئەوە تەنیا یەک نموونە بوو لە چەندین نموونەی دەستێخستن (تداخل)ی سەروو سروشتی ڕۆحی پیرۆز لە ژیانی مەسیحییە سەرەتاییەکاندا.

بەشی حەوتەم

هاوکاری لە نوێژدا

سێیەم ڕێگای گرنگ کە بە هۆیەوە ڕۆحی پیرۆز یارمەتیمان دەدات بریتییە لە نوێژکردن. پۆڵس لە (ڕۆما ٨: ١٤) وەسفی پێویستیمانی بە ڕێنوێنیی ڕۆحی پیرۆز کردووە تاکو بتوانین ژیانێکی ڕۆحیی دروست بەڕێبکەین:

"[14]لەبەر ئەوەی هەموو ئەوانەی ڕۆحی خودا بەڕێوەیان دەبات، ڕۆڵەی خودان."

ئەگەر بتەوێت ببیت بە مەسیحی دەبێت لە ڕۆحی یەزدان لەدایکببیت. بەڵام دوای ئەوەی کە دووبارە لەدایکبوویتەوە، ئەگەر بتەوێت وەکو مەسیحی بژیت و لە باوەڕدا پێبگەیت، ئەوا دەبێت بەردەوام ڕۆحی پیرۆز بەڕێوەت ببات. ئەو دەمە فرمانەی کە پۆڵس لەو ئایەتەدا باسی کردووە، ڕانەبردووی بەردەوامە: **"لەبەر ئەوەی هەموو ئەوانەی ڕۆحی خودا بەڕێوەیان دەبات، ڕۆڵەی خودان."** چیدیکە منداڵ نین بەڵام کچ و کوڕی پێگەیشتوون.

لە (ڕۆما ٨: ٢٦- ٢٧) دەبینین کە پۆڵس بنەمای بەڕێوەبردنمان لەلایەن ڕۆحی پیرۆزەوە بەتایبەتی لەسەر ژیانی نوێژکردنمان جێبەجێ دەکات. پێداگری لەسەر ئەوە دەکات کە پێویستمان بە ڕێنمایی ڕۆحی پیرۆز هەیە تاکو بتوانین بە دروستی نوێژ بکەین.

"[26]بە هەمان شێوە ڕۆحەکە لە لاوازییەکانماندا یارمەتیمان دەدات. چونکە نازانین لەپێناوی چی نوێژ بکەین، [27]بەڵام ڕۆحەکە خۆی بە ناڵەوە داکۆکیمان لێدەکات بە شێوەیەک کە باس ناکرێت، بەڵام ئەوەی دڵ دەپشکنێت، دەزانێت بایەخی ڕۆحەکە چییە چونکە بەگوێرەی خواستی خودا داکۆکی لە پیرۆزکراوان دەکات."

پۆڵس لێرەدا باسی ئەو لاوازییە دەکات کە لە هەمووماندا هەیە. لاوازییەکە جەستەیی نییە بەڵکو لاوازی تێگەیشتن و هزر. ئێمە نازانین نوێژ لەپێناوی چی بکەین و چۆن نوێژ بکەین.

زۆر جار پرسیارم لە باوەڕدارانی کەنیسەکەمان کردووە کە ئایا کەسێک هەیە کە **"هەمیشە"** بزانێت دەبێت لەپێناوی چی نوێژ بکات و چۆن نوێژ بکات. تەنانەت یەک جاریش کەس جەربەزەی ئەوەی نەبوو کە دەست بەرزبکاتەوە. باوەڕم وایە کە ئێمە ئەوەندە ڕاستگۆین کە دان بەوەدا بنێین زۆربەی جار کاتێک نوێژ دەکەین نازانین دەبێت لەپێناوی چی نوێژ بکەین. هەندێک جار تەنانەت کاتێک پێمان وایە دەزانین دەبێت لەپێناوی چی نوێژ بکەین، نازانین چۆن نوێژ بکەین. پۆڵس بەمە دەڵێت "لاوازییەکەمان." بەڵام پێمان دەڵێت کە یەزدان ڕۆحی پیرۆز دەنێرێت تاکو یارمەتی لاوازییەکەمان بدات، بۆ ئەوەی بزانین دەبێت لەپێناوی چی نوێژ بکەین و چۆن نوێژ بکەین. پۆڵس مەبەستی ئەوەیە کە ڕۆحی پیرۆز دەڕواتە دەروونمانەوە و لەڕێگەی ئێمەوە نوێژ دەکات.

کلیلی نوێژی کاریگەر ئەوەیە کە فێربین چۆن ئەوەندە لە ڕۆحی پیرۆز نزیک ببینەوە کە بتوانین ملکەچی بین. پاشان دەتوانین ڕێگەی پێبدەین کە بەڕێوەمان ببات، ئاراستەمان بکات، هانمان بدات، بەهێزمان بکات و لەڕاستیدا زۆر جاریش لەڕێگەی ئێمەوە نوێژ بکات.

پەیمانی نوێ چەندین ڕێگەمان بۆ دەردەخات کە بە هۆیەوە ڕۆحی پیرۆز دەتوانێت یارمەتیمان بدات، من لێردا تیشک دەخەمە سەر هەندێکیان.

یەکەم ڕێگا لە (ڕۆما ٨: ٢٦- ٢٧) ئاماژەی پێکراوە. پۆڵس دەڵێت: **"ڕۆحەکە خۆی بە ناڵەوە داکۆکیمان لێدەکات بە شێوەیەک کە باس ناکرێت."** داکۆکیکردن یەکێکە لە خاڵە بەرزەکانی ژیانی ڕۆحی باوەڕداران. پاشان پۆڵس دەڵێت: **"بە شێوەیەک کە باس ناکرێت."** بیر و هزرە کاتی و سنووردارەکەمان وشەی نییە تاکو نوێژ بۆ ئەو شتانە بکات کە دەبێت نوێژی لەپێناو بکرێت. هەربۆیە یەکێک لەو ڕێگایانەی کە ڕۆحی پیرۆز بەهۆیەوە یارمەتیدانمان دەدات ئەوەیە کە لەڕێگەی ئێمەوە بە ناڵەوە نوێژ دەکات بە جۆرێک کە باس ناکرێت.

ئەمە ئەزموونێکی زۆر پیرۆزە، ژانی لەدایکبوونی ڕۆحییە کە بەرەو لەدایکبوونی ڕۆحی دەڕوات. (ئیشایا ٦٦: ٨) باسی ئەمە دەکات:

"ئەو ساتەی سیۆن ژان دەیگرێت چەندین منداڵی دەبێت."

هیچ بەرهەمێکی ڕۆحی لە کەنیسەدا بەبێ ژانی ڕۆحی نوێژکردن بەدینایەت. سیۆن ژان گرتی ئەوجا منداڵی بوو. پۆڵس لە (گەلاتیا ٤: ١٩) پێداگری لەسەر ئەمە دەکات:

"[١٩] ڕۆڵە خۆشەویستەکانم، جارێکی دیکە لە پێناوتاندا ژانی منداڵبوون دەچێژم، تاکو وێنەی مەسیح لە ژیانتاندا بەرجەستە بێت."

پۆڵس مزگێنی دابوو بەو خەڵکە و لەو ڕێگەیەوە باوەڕیان بە مەسیح هێنا. بەڵام بۆ ئەوەی ببن بەو شتەی کە دەبوایە ببن، پۆڵس باسی ئەوە دەکات کە مزگێنیدان بەس نییە، پێویستی بە نوێژی داکۆکیکارانە هەیە. ئەم نوێژی داکۆکیکارییە بەم شێوەیە وەسف دەکات: **"ژانی منداڵبوون"، "بە شێوەیەک کە باس ناکرێت."**

دووەم ڕێگا کە ڕۆحی پیرۆز لە نوێژدا یارمەتیمان دەدات ئەوەیە کە **بیر و هزرمان ڕووناک دەکاتەوە.** لەم ڕێگایەوە بەهۆی ئێمەوە نوێژ ناکات بەڵکو لە بیر و هزرماندا پێمان دەڵێت کە دەبێت لەپێناوی چی نوێژ بکەین و چۆن نوێژ بکەین. لە نامەکانی نێردراواندا دوو دەق هەن کە باسی کاری ڕۆحی پیرۆز دەکەن لە بیر و هزرماندا. لە (ڕۆما ١٢: ٢)دا دەیخوێنینەوە:

"[٢] شێوەی ئەم ڕۆژگارە وەرمەگرن، بەڵکو بە نوێکردنەوەی بیرتان بگۆڕێن، تاکو بتوانن خواستی خودا تێبگەن کە باش و پەسەندکراو و تەواوە."

تەنانەت لە بابەتی نوێژکردنیشدا تەنها بیرێکی نوێبووەوە دەتوانێت خواستی خودا بزانێت. (ئەفەسۆس **٤: ٢٣**) دەڵێت:

"[٢٣]..... ڕۆحی مێشکتان نوێ ببێتەوە...."

ڕۆحی پیرۆز مێشک و بیرمانی نوێ کردووەتەوە. کاتێک ڕۆحی پیرۆز دێتە ناومانەوە و بیر و هزرمان نوێ دەکاتەوە، ئەوکات لە خواستی خودا تێدەگەین و دەزانین کە چۆن بە پێی ویست و خواستی یەزدان نوێژ بکەین. کەواتە دووەم ڕێگا ئەوەیە کە ڕۆحی پیرۆز مێشکمان نوێ و ڕووناک دەکاتەوە و چۆنیەتی نوێژکردنیشمان بۆ دەردەخات.

سێیەم ڕێگا کە ڕۆحی پیرۆز یارمەتیمان دەدات ئەوەیە کە **وشەی گونجاو و دروست دەخاتە سەر زمانمان،** زۆربەی کات ئەمە بە شێوەیەکی چاوەڕوان نەکراو دەبێت. هەر کاتێک باسی ئەمە دەکەم ڕووداوێکم بەبیر دێتەوە لەگەڵ هاوسەری یەکەمم. ئێمە لە کۆتایی مانگی تشرینی یەکەم لە دانمارک بووین، کە نیشتمانی هاوسەری یەکەمم بوو. ڕۆژی دواتر، پلانمان دانابوو کە بڕۆین بۆ بەریتانیا و تەواوی مانگی تشرینی دووەم لەوێ بەسەر ببەین. من خەڵکی بەریتانیام، هەربۆیە دەزانم کە کەشوهەوا لە تشرینی دووەم لە بەریتانیا سارد و تەم و مژاوی و تاریکە. کاتێک کە دەمانویست بڕۆین، لەسەر جێی خەوەکەمان لە کاتی نوێژکردنماندا گوێم لێبوو کە لیدیای هاوسەرم داوای لە یەزدان کرد و گوتی: "تکایە تا ئەو کاتەی لە بەریتانیا دەمێنینەوە، کەشوهەوایەکی خۆشمان پێ ببەخشە." ئەو نوێژە بەلای منەوە زۆر سەرنجڕاکێش بوو.

دوای ئەوە لە لیدیام پرسی کە ئایا دەزانێت لە بارەی چییەوە نوێژی کرد، لە وەڵامدا وتی نەخێر، نازانم لە نوێژەکەمدا چیم وت. ئیتر ئەو بۆ من بەڵگە بوو کە ڕۆحی پیرۆز ئەو وشانەی هێنایە سەر زمانی. منیش پێم وت: "تۆ نوێژت کردووە کە لە کاتی مانەوەمان لە بەریتانیا کەشوهەوا خۆش بێت لەکاتێکدا دەزانی لەو مانگەدا کەشوهەوا چەندە ناسازگار و ناخۆشە." ئەو تەنیا شانی هەڵتەکاند و هیچ نەوت. ئێمە مانگی تشرینی دووەممان لە بەریتانیا بەسەربرد بەبێ ئەوەی یەک ڕۆژی باراناوی یان تەم و مژاوی ببینین! ڕێک وەکو بەهار بوو. کاتێک کە دەمانویست بەریتانیا بەجێبهێڵین، بەو هاوڕێیانەم وت کە لەگەڵمان هاتبوون بۆ فڕۆکەخانە: "وریابن چونکە کاتێک ئێمە دەڕۆین، کەشوهەوا دەگۆڕێت." هەرواش دەرچوو! ئەمە ئەو نوێژە بوو کە ڕۆحی پیرۆز خستییە سەر زمانی لیدیا. یەزدان لەو کاتەدا دەیویست کە لیدیا لەم بارەیەوە نوێژ بکات.

چوارەم ڕێگا کە ڕۆحی پیرۆز لەڕێگەی نوێژەوە یارمەتیمان دەدات ئەوەیە کە چەندین جار کتێبی پیرۆز ئاماژەی پێکردووە: **زمانێکی نوێ و نەناسراومان دەداتێ** کە مێشکی ئاسایی لێی تێناگات. لەم ڕۆژگارەدا هەندێک کەس بەمە دەڵێن زمانی نوێژ. پۆڵس لە (یەکەم کۆرنسۆس **١٤: ٢**)دا دەڵێت:

"[2]ئەوەی بە زمان دەدوێت، قسە بۆ خەڵک ناکات، بەڵکو بۆ خودا، کەس لێی تێناگات، چونکە بە ڕۆح باسی نهێنی دەکات."

هەروەها لە ئایەتی چواردا دەڵێت: **"[4]ئەوەی بە زمان دەدوێت، خۆی بنیاد دەنێت ....."**

ئەم جۆرە نوێژە، سێ کاری بنەڕەتی ئەنجام دەدات:

یەکەم، کاتێک بە زمانێکی نەناسراو نوێژ دەکەین، ئەوا ئێمە لەگەڵ مرۆڤ قسە ناکەین بەڵکو لەگەڵ خودا دەدوێین. ئەمە لە خۆیدا شەرەفێکی زۆر گەورەیە.

دووەم، شتی وا دەڵێین کە مێشک و بیرمان لێی تێناگات. ئێمە باسی شتی شاراوە دەکەین یان باسی نهێنییەکانی یەزدان دەکەین.

سێیەم، ئێمە لەم ڕێگەیەوە خۆمان بنیاتدەنێین.

پۆڵس لە (یەکەم کۆرنسۆس **١٤: ١٤**) زیاتر لە سەر ئەمە دەڕوات:

"[14]چونکە ئەگەر بە زمانێک نوێژ بکەم، ڕۆحم نوێژ دەکات، بەڵام مێشکم بێ بەروبوومە."

لەم بارودۆخەدایە کە ڕۆحی پیرۆز بیر و هزرمان ڕووناک ناکاتەوە بەڵکو زمانێکی نوێمان دەداتێ و بەو زمانە لەڕێگەی ئێمەوە نوێژ دەکات. ئێمە نابێت بە یەک شێواز نوێژ بکەین و شێوازەکانی دیکە پشتگوێ بخەین. پۆڵس لە (یەکەم کۆرنسۆس **١٤: ١٥**)دا زۆر بە ڕوونی دەڵێت: **"بە ڕۆح نوێژ دەکەم، هەروەها بە مێشکیشم نوێژ دەکەم."** هەر دوو جۆر نوێژەکە پەسەندە.

کاتێک ڕێگە بە ڕۆحی پیرۆز دەدەین بێتە ناومانەوە و دەستی پێوە دەگرین و ڕێگە دەدەین بەپێی کتێبی پیرۆز لە ئێمەدا کار بکات، ئەوا سامانێکی سەرسوڕهێنەر و هەمە جۆری لە ژیانی نوێژکردنماندا بەدیدەکەین، ئەمە ئەو شتەیە کە یەزدان بۆ هەریەک لە ئێمەی دەوێت.

بەشی هەشتەم

ژیان و تەندروستی جەستەمان

چوارەم کاری ڕۆحی پیرۆز وەکو یارمەتیدەر، بەخشینی ژیانی سەروو سروشت و سەلامەتی جەستەمانە. مەسیح هات تاکو ژیانمان هەبێت، وەکو چۆن لە (یۆحەنا ١٠: ١٠) دەفەرموێ:

"[١٠]دز نایەت بۆ دزین و کوشتن و لەناوبردن نەبێت. بەڵام من هاتووم تاکو ئەوان ژیانیان هەبێت، ژیانێکی پڕ و تەواو."

لەم ئایەتەدا دوو کەس خراوەتە بەردەستمان، زۆر گرنگە کە بە باشی جیاوازی نێوانیان بزانین: مەسیح، بەخشەری ژیان و شەیتان، لەناوبەری ژیان. شەیتان دێتە ژیانمانەوە تەنیا بۆ ئەوەی ژیانمان ببات. دێت بۆ ئەوەی بەرەکەتەکان و دابینکردنەکانی یەزدان بدزێت، دێت تاکو لە ڕووی جەستەییەوە بمانکوژێت و تاهەتایە لەناومان ببات. هەریەک لە ئێمە دەبێت لەوە تێبگات کە ئەگەر ڕێگە بە شەیتان بدەین پشکی هەبێت لە ژیانماندا ئەوا ئەم کارانە دەکات: دەکوژێت، دەدزێت، هەروەها بە پێی ئاستی ئەو دەرفەتەی کە پێی دراوە لەناوتدەبات.

بەڵام لە لایەکی دیکەوە مەسیح هات بۆ ئەوەی ڕێک پێچەوانەی کاری شەیتان بکات: هات تاکو ژیانمان هەبێت، ژیانێکی پڕ و تەواو.

گرنگە لەوە تێبگەین کە ڕۆحی پیرۆز ئەم ژیانە بەڕێوەدەبات کە مەیسح هاتووە تاکو پێمان ببەخشێت. چەندە ڕێگە بە ڕۆحی پیرۆز بدەین کە لە ژیانمدا کار بکات ئەوەندە دەتوانین ئەو ژیانەمان هەبێت. ئەگەر دژی کاری ڕۆحی پیرۆز بوەستینەوە یان ئەگەر کاری ڕۆحی پیرۆز ڕەتبکەینەوە، ئەوا ناتوانین ئەزموونی تەواوی ئەو ژیانە خوداییە بکەین کە مەسیح هات تاکو پێمان ببەخشێت. دەبێت ئەوە بزانین کە ئەوە ڕۆحی پیرۆز بوو کە جەستەی بێگیانی مەسیحی لەناو گۆڕەکە زیندوو کردەوە. پۆڵس لە (ڕۆما ١: ٤) لەبارەی مەسیحەوە دەڵێت:

"[٤]هەروەها بە ڕۆحی پیرۆز و بە هێزە گەورەکەیەوە بۆمان دەرکەوت کە عیسای مەسیحی خاوەن شکۆمان بە هەڵستانەوەی لەنێو مردووان کوڕی خودایە."

لێرەدا پۆڵس دەڵێت کە "لەڕێگەی ڕۆحی پیرۆزەوە بۆمان دەرکەوت کە مەسیح کوڕی خودایە بەهۆی ئەو هێزەی کە لەنێو مردووان زیندووی کردەوە (کە ئەویش هێزی ڕۆحی پیرۆزە)."

لە بەشی پێشتردا باسی ئەوەم کرد کە بە جۆرێک ئەمە بەرزترین ئاستی پرۆسەی ڕزگاری یەزدانە لە ڕۆژگاری ئەمڕۆماندا، خودا خۆی لەڕێگەی ڕۆحی پیرۆزەوە دەبێت لە جەستەماندا نیشتەجێ بێت و بیانکات بە پەرستگا یان شوێنی نیشتەجێبوونی. پۆڵس لە (ڕۆما ٨: ١٠- ١١)دا دەڵێت:

"[١٠]ئەگەر مەسیح لە ئێوەدا بێت، ئەوا جەستە بەهۆی گوناە مردووە، بەڵام ڕۆح بەهۆی ڕاستودروستی زیندووە. [١١]ئەگەر ڕۆحی ئەوەی عیسای لەنێو مردووان هەڵستاندەوە لە ئێوەدا نیشتەجێ بێت، ئەوا ئەوەی مەسیحی لەنێو مردووان هەڵستاندەوە بە ڕۆحی خۆی کە لە ئێوەدا نیشتەجێیە لەشی مردووشتان زیندوو دەکاتەوە."

واتای (ئایەتی ١٠) ئەوەیە کە کاتێک مەسیح دێتە ناو ژیانمانەوە و دەگۆڕدرێین و دووبارە لەدایک دەبین، ژیانە کۆنەکە کۆتایی پێدێت و ژیانی نوێ دەست پێدەکات. ژیانی کۆنی جەستەییمان کۆتایی پێدێت و بە ژیانیی یەزدان ڕۆحمان زیندوو دەبێتەوە. پاشان پۆڵس بەردەوام دەبێت و لە (ئایەتی ١١) دەڵێت کە ئەمە چ واتایەکی بۆ جەستەمان هەیە. زۆر ڕوونە کە هەمان کەس و هەمان هێز کە مەسیحی لە گۆڕ زیندووکردەوە، ئێستا لە جەستەی هەر یەک لەو باوەڕدارانەدایە کە خۆیان داوەتە دەست مەسیح، هەمان ئەو ژیانە دەبەخشێت بەو جەستە فانییانەی کە بە جەستەی فانی مەسیحی بەخشی و هەمان ئەو توانایەش دەبەخشێت کە جەستەی نەمر و هەتاهەتایی مەسیحی زیندووکردەوە.

ئەم پرۆسەی بەخشینی ژیانی خوداییە بە جەستەمان، تاوەکو هەستانەوەی ڕۆژی دوایی کۆتایی پێنایەت. دەبێت باش لەوە تێبگەین کە ئێستا جەستەی زیندووبووەوەمان نییە، بەڵکو لە جەستەی فانیماندا ژیانی زیندووبووەوەمان هەیە. پۆڵسی نێردراو لە چەندین دەقی دیکەدا باسی ئەوە دەکات کە ژیانی زیندووبووەوە لە جەستەی فانیماندا دەتوانێت هەموو پێویستییە جەستەییەکانمان دابین بکات تا ئەو کاتەی کە یەزدان ڕۆحمان لە جەستەمان جودا دەکاتەوە و دەمانبات بۆ ماڵی هەتاهەتاییمان.

دەبێت لەوە تێبگەین کە یەکەم جار چۆن جەستەمان بەدیهێنراوە، چونکە هەمووی پەیوەندییان بە یەکەوە هەیە. (پەیدابوون ٢: ٧) دەڵێت:

"[٧]جا یەزدانی پەروەردگار پیاوی لە خۆڵی زەوی پێکهێنا و هەناسەی ژیانی فووکردە کونە لووتی. بەمەش پیاوەکە بووە گیانێکی زیندوو."

چی بووە هۆی دروستبوونی جەستەی مرۆڤ؟ هەناسەی ڕۆحی خودا جەستەی مرۆڤی لە شکڵێکی قوڕینەوە گۆڕی بۆ مرۆڤێکی زیندوو، بە هەموو ئەندام و ئەرکە سەرسامکەر و پەرجووئاساکەیەوە. لەڕاستیدا ڕۆحی پیرۆز جەستەکەی کرد بە گیانێکی زیندوو، واتە لۆژیکییە کە ڕۆحی پیرۆز جەستەکەی ڕاگرتووە. هیوادارم کە هەموو باوەڕدارانی مەسیح دەرک بەم ڕاستییە بکەن. سەلامەتی و شیفای خودایی لەڕوانگەی کتێبی پیرۆزەوە تەواو لۆژیکییە.

بۆ نموونە ئەگەر کاتژمێری دەستییەکەت خراپ بێت نایبەت بۆ لای پینەچی بەڵکو دەیبەیت بۆ لای کاتژمێرساز. هەمان شت بەسەر جەستەشدا جێبەجێ بکە: ئەگەر جەستەت خراپ بێت، دەیبەیت بۆ کوێ؟ بەڕای من وەڵامی لۆژیکی ئەم پرسیارە ئەوەیە کە جەستەت دەبێت ببەیت بۆ لای دروستکەری جەستە، کە ئەویش ڕۆحی پیرۆزە. ڕۆحی پیرۆز جەستەمان پێدەبەخشێت و دەیپارێزێت و هێز و وزەی دەداتێ.

گەواهی و شایەتییەکەی پۆڵس مایەی تێڕامانە. پۆڵس لە (دووەم کۆرنسۆس ١١: ٢٣- ٢٥)دا دەڵێت:

"[٢٣]من زۆر زیاتر لەوان ڕەنجم کێشاوە، لەوان زیاتر لە زینداندا بووم، زۆر خراپتر دارکاری کراوم، زۆر جاریش ڕووبەڕووی مردن بوومەتەوە. [٢٤]جولەکە پێنج جار چل کەم یەک قامچی لێداوم، [٢٥]سێ جار دارکاری کراوم، جارێک بەردباران کراوم، سێ جار لە کەشتیدا بووم و شکاوە، شەو و ڕۆژێکم لە قووڵایی دەریادا بەسەربرد."

زۆر جێی سەرنجە کە کەسێک تووشی ئەو هەمووە دەردەسەری و نەهامەتییە بێت و لەگەڵ ئەوەشدا ئەوەندە سەلامەت و چالاک و بەجەرگ بێت. کام هێزە پۆڵسی لەناو ئەو هەمووە نەهامەتییەدا پاراست؟ هێزی ڕۆحی پیرۆز ئەوی پاراست. لە (کرداری نێردراوان ١٤: ١٩- ٢٠) چیرۆکی بەردبارانکردنی پۆڵس لە لیسترا دەخوێنینەوە:

"[١٩]هەندێک جولەکە لە ئەنتاکیا و کۆنیاوە هاتن، قەناعەتیان بە خەڵکەکە هێنا، ئەوانیش پۆڵسیان بەردباران کرد و ڕایانکێشایە دەرەوەی شار، وایانزانی مردووە. [٢٠]بەڵام کاتێک قوتابییەکان دەوریان دا، هەڵستا و گەڕایەوە ناو شار. بۆ ڕۆژی دواتر لەگەڵ بەرناباس بۆ دەربە ڕۆیشت."

پۆڵس چ پیاوێک بووە! لە زۆر کەسم بیستووە کە پۆڵس کەسێکی بێتوانا بووە و زۆربەی کات نەخۆش بووە. قسەی من ئەمەیە: "ئەگەر پۆڵس بێتوانا بووە، دەپاڕێمەوە کە یەزدان چەندین بێتوانای دیکەی وەکو پۆڵسمان پێببەخشێت!"

بە کورتی باسی هێز و توانای بەرگەگرتنی پۆڵسی نێردراومان کرد و زانیمان کە چەندە سەرسوڕهێنەر و شایانی تێڕامانە بەڵام ئێستا کاتی ئەوەیە کە باسی ئەو نهێنییە بکەین کە لە پشت ئەو توانا و هێزەوەیە. پۆڵس لەم بارەوە چی دەڵێت؟ لە (دووەم کۆرنسۆس ٤: ٧- ١٢)دا دەیخوێنینەوە:

"[٧]بەڵام ئەم گەنجینەی هەمانە لەناو گۆزەی گڵینەیە، تاکو دەربکەوێت کە وزەی لە ڕادەبەدەر لە خوداوەیە نەک لە ئێمەوە. [٨]لە هەموو لایەکەوە پەستین، بەڵام تەنگەتاو نین؛ دەشێوێین، بەڵام بێ ئومێد نین؛ [٩]چەوسێنراوەین، بەڵام بەجێنەهێڵدراوین؛ بە زەویدا دەدرێین، بەڵام لەناو ناچین. [١٠]هەمیشە چۆنییەتی مردنی عیسا لە لەشدا هەڵدەگرین، تاکو ژیانی عیسا لە لەشماندا دەربکەوێت. [١١]چونکە ئێمەی زیندوو هەردەم لە پێناوی عیسا دەدرێینە دەست مردن، تاکو ژیانی عیسا لە جەستەی مردوومان دەربکەوێت. [١٢]کەواتە مردن لە ئێمەدا کار دەکات، بەڵام ژیان لە ئێوەدا."

(ئایەتی ٧ و ٨) پێمان دەڵێت کە ئێمە هێزێکی جیاوازمان هەیە ئەو شتانەی کە دەبنە هۆی وردکردنی خەڵکی دیکە کار لە ئێمە ناکات چونکە ئێمە هێزێکمان هەیە کە جێگیر و چەسپاومان دەکات.

لە (ئایەتی ١٠) بەراوردێکی زۆر جوان دەبینین. دەبێت خۆمان لەگەڵ مەسیح بە مردوو بزانین، کاتێک وامان کرد ژیانی مەسیح لە جەستەماندا دەردەکەوێت. ئەوە زۆر ڕوونە کە لە ڕۆژگاری داهاتوودا نە بەڵکو لەم ڕۆژگارەدایە کە ژیانی زیندووبوەوەی سەروو سروشت و نیشتەجێبووی عیسای مەسیح لە ڕۆحی پیرۆزدا دەبێت لە جەستەماندا دەربکەوێت.

بەشی کۆتایی (ئایەتی ١١) مایەی سەرنج و تێڕامانە: **"تاکو ژیانی عیسا لە جەستەی مردوومان دەربکەوێت."** ئەمە بە واتای ئامادەبوونی نهێنی نایەت کە لە ئێمەدا نیشتەجێیە، بەڵکو واتای ئەوەیە کە ئامادەبوونی ئەنجامی وای دەبێت کە دەبێتە بەڵگە بۆ هەمووان. ژیانی زیندووبوەوەی عیسای مەسیح لە جەستەی فانی ئێمەدا دەردەکەوێت.

(ئایەتی ١٢) باسی ئەوە دەکات کاتێک حوکمی مردنی خۆمان وەردەگرین و هێز و توانای جەستەییمان کۆتایی دێت و نامێنێت، ئەوکات جۆرە ژیانێکی نوێ لە ئێمەوە کاردەکاتە سەر خەڵکی دیکە. لە (دووەم کۆرنسۆس ٤: ١٦)دا هاتووە:

"[١٦]بۆیە ورە بەرنادەین. ئەگەر بە ڕواڵەتیش لەناوبچین، ئەوا ناوەڕۆکمان ڕۆژ بە ڕۆژ نوێتر دەبێتەوە."

مرۆڤی دەرەوەمان لەناودەچێت، بەڵام لە ناخماندا ژیانێک هەیە کە ڕۆژ بە ڕۆژ نوێتر دەبێتەوە. ژیانی پەرجووئاسا و سەروو سروشتی خودا کە لە ناخماندایە چاودێری مرۆڤی دەرەوەی هەر یەکێکمان دەکات.

بەشی نۆیەم

سەرڕێژبوونی خۆشەویستیی خودایی

گەورەترین و جوانترین بەرەکەت کە ڕۆحی پیرۆز پێشکەشمان دەکات سەرڕێژبوونی خۆشەویستیی یەزدانە لە دڵماندا. (ڕۆما ٥: ١- ٥) دەڵێت:

"[١]کەواتە، لەبەر ئەوەی بە باوەڕ بێتاوان کراوین، بەهۆی عیسای مەسیحی گەورەمانەوە لەگەڵ خودا ئاشتیمان هەیە، [٢]بەهۆی ئەویش ڕێپێدراوییتیمان وەرگرت بەهۆی باوەڕ بێینە ناو ئەم نیعمەتەی کە ئێستا تێیدا نیشتەجێین. شانازیش بە هیوای شکۆی خودا دەکەین. [٣]تەنها ئەمە نا، بەڵکو لە تەنگانەشدا شانازی دەکەین، دەزانین تەنگانە دانبەخۆداگرتن دروست دەکات، [٤]دانبەخۆداگرتنیش ئەزموون، ئەزموونیش هیوا، [٥]هیواش شەرمەزار ناکات، چونکە خۆشەویستی خودا ڕژاوەتە ناو دڵمان، بە ڕۆحی پیرۆز کە پێمان دراوە."

ئەوجی بابەتەکە لە ئایەتی پێنجدایە: **"هیواش شەرمەزار ناکات، چونکە خۆشەویستی خودا ڕژاوەتە ناو دڵمان، بە ڕۆحی پیرۆز کە پێمان دراوە."**

پۆڵس لەو پێنج ئایەتەدا ئاماژە بە چەند قۆناغێکی گەشەکردنی ڕۆحی دەکات کە حەزدەکەم بە کورتی باسی هەر یەکێکیان بکەم:

یەکەم قۆناغ ئەوەیە کە ئێمە لەگەڵ یەزدان ئاشتیمان هەیە.

دووەم، بەهۆی باوەڕەوە دەستمان دەگات بە نیعمەتی یەزدان.

سێیەم، بە ئومێدی شکۆی یەزدانەوە دڵخۆشین.

چوارەم، لەکاتی ئازارەکانیشماندا دڵخۆشین، بەهۆی ئەو ئەنجامانەی کە ئازار لە ئێمەدا دروستی دەکات ئەگەر هاتوو بەشێوەیەکی دروست وەرمانگرت.

پاشان پۆڵس باسی سێ ئەنجامی ئازار دەکات ئەگەر هاتوو بە پشوودرێژییەوە وەرمانگرت: یەکەم، دانبەخۆداگرتن، دووەم، ئەزموون، سێیەم، هیوا.

پاشان دەگەین بە ئەوج: خۆشەویستیی خودا بەهۆی ڕۆحی پیرۆزەوە ڕژاوەتە ناو دڵمان. لێرەدا "خۆشەویستی" کە بە یۆنانی دەبێتە "ئەگاپێ" بە واتای خۆشەویستیی خودایی دێت، واتە بە هیچ شێوەیەک ناگەڕێتەوە بۆ مرۆڤ و تەنها بە هۆی ڕۆحی پیرۆزەوە مرۆڤ دەتوانێت خۆشەویستیی خودایی واتە "ئەگاپێ" بەدەستبێنێت.

پاشان پۆڵس لە ئایەتەکانی دواتردا لە (ڕۆما ٥)دا، پێناسەی سروشتی خۆشەویستیی خودایی "ئەگاپێ" دەکات و ئەوەش ڕوون دەکاتەوە کە چۆن لە یەزدان و مەسیحدا دەرکەوت:

"[٦]چونکە کاتێک هێشتا لاواز بووین، مەسیح لە کاتی دیاریکراودا لە پێناو خوانەناسان مرد. [٧]لەبەر ئەوەی بە دەگمەن کەسێک لە پێناوی مرۆڤێکی ڕاستودروست دەمرێت، لەوانەیە لە پێناوی مرۆڤێکی باش کەسێک بوێرێت بمرێت. [٨]بەڵام خودا خۆشەویستی خۆی بۆ سەلماندین: هێشتا گوناهبار بووین مەسیح لە پێناوماندا مرد" (ڕۆما ٥: ٦- ٨).

بەپێی قسەکانی پۆڵس، کاتێک عیسای مەسیح لەپێناو ئێمەدا گیانی سپارد، سێ وشە هەیە کە ئێمەی پێ وەسف دەکات: **"لاواز، خوانەناس و گوناهبار."** ئەوە خۆشەویستیی خوداییە (ئەگاپێ) کە خۆی دەبەخشێت و هیچ مەرجێکی پێشوەختی نییە. خۆشەویستییەک نییە کە بڵێت تۆ دەبێت باش بیت و ئەمە بکەیت و ئەوە نەکەیت. تەنانەت بێبەرامبەر بەو کەسەش بەخشراوە کە بە هیچ جۆرێک شیاو نییە و تەواو لاوازە و تەواو بێنرخە.

ئێستاش بە پشت بەستن بە پەیمانی نوێ، باسی ئەو قۆناغە جیاوازانە دەکەین کە تێیاندا خۆشەویستیی خودایی (ئەگاپێ) لە ئێمەدا بەرهەمهاتووە. یەکەم، بەرهەمی لەدایکبوونی نوێیە. لە (یەکەم پەترۆس ١: ٢٢- ٢٣)دا هاتووە:

"[٢٢]بە گوێڕایەڵیتان بۆ ڕاستی خۆتان پاک کردووەتەوە بۆ خۆشەویستی برایانەی بێ دووڕوویی، لە قوڵایی دڵەوە یەکتریتان خۆشبوێ. [٢٣]ئێوەش لەدایک بوونەوە، نەک بە تۆوێکی فەوتاو بەڵکو نەفەوتاو، بە وشەی زیندووی خودا کە دەمێنێتەوە."

خۆشەویستن بە خۆشەویستیی خودایی لە لەدایکبوونی نوێوە سەرچاوەی گرتووە؛ لەدایکبوونی نوێی تۆوی نەفەوتاوی هەتاهەتایی وشەی یەزدان، ژیانێکی نوێ لە ئێمە دێنێتە کایەوە. خۆشەویستیی خودایی (ئەگاپێ) سروشتی ئەو ژیانە نوێیەیە. (یەکەم یۆحەنا ٤: ٧- ٨) دەڵێت:

"[٧]خۆشەویستان، با یەکتریمان خۆشبوێ، چونکە خۆشەویستی لە خوداوەیە و هەرکەسێک خۆشەویستیی هەبێت لە خوداوە لەدایک بووە و خودا دەناسێت. [٨]ئەوەی خۆشەویستیی نەبێت بۆ نزیکەکەی خودای نەناسیوە، چونکە خودا خۆشەویستییە."

دەبینین کە ئەم جۆرە خۆشەویستییە هێمای ژیانی نوێیە. ئەو کەسەی کە لەدایک بووەتەوە ئەو ژیانەی هەیە، ئەو کەسەی دووبارە لەدایک نەبووە ناتوانێت ئەو ژیانەی هەبێت.

پۆڵس لە (ڕۆما ٥: ٥) باسی قۆناغی دواتری پرۆسەی بەخشینی خۆشەویستیی خودایی دەکات:

"هیواش شەرمەزار ناکات، چونکە خۆشەویستی خودا ڕژاوەتە ناو دڵمان، بە ڕۆحی پیرۆز کە پێمان دراوە."

دوای لەدایکبوونی نوێ، لەو سروشتە نوێیەی کە بە هۆی لەدایک بوونی نوێوە پەیدابووە، ڕۆحی پیرۆز خۆشەویستیی تەواوی خودا دەڕژێنێتە نێو دڵمان و بە خۆشەویستی دادەپۆشرێین. بەو هۆیەوە دەستمان دەگات بە سەرچاوەیەکی هەتاهەتایی؛ واتە خۆشەویستیی تەواوی یەزدان بەهۆی ڕۆحی پیرۆزەوە بە تەواوی ڕژاوەتە نێو دڵمان. دەمەوێ پێفشاری لەسەر ئەوە بکەم کە ئەمە خۆشەویستیی خودایی پایەدار و سەروو سروشتییە؛ شتێکە کە تەنیا ڕۆحی پیرۆز دەتوانێت ئەنجامی بدات.

با لە (یۆحەنا ٧: ٣٧- ٣٩)دا سەیرێکی ئەو بەراوردە بکەین کە لە وتەکانی عیسای مەسیحدایە:

"[٣٧]لە دوایین ڕۆژی گەورەی جەژندا، عیسا ڕاوەستا و بە دەنگی بەرز فەرمووی: ئەگەر یەکێک تینووی بوو با بێتە لام و بخواتەوە. [٣٨]ئەوەی باوەڕم پێ بهێنێت، وەک نووسراوە پیرۆزەکە فەرموویەتی، لە ناخییەوە ڕووبارەکانی ئاوی زیندوو دەڕوات. [٣٩]لێرەدا مەبەستی لە ڕۆحی پیرۆز بوو، کە ئەوانەی باوەڕی پێدەهێنن دواتر وەریدەگرن ...."

لێردا دەتوانین بەراوردەکە ببینین. یەکەم جار کەسێکی تینوومان هەیە کە بەشی خۆی ئاوی پێ نییە، بەڵام کاتێک ڕۆحی پیرۆز دێتە ناویەوە، ئەو کەسە تینووە دەبێتە سەرچاوەی ڕووباری ئاوی زیندوو. ئەمە خۆشەویستیی خودایە کە دەڕژێتە نێو دڵمانەوە. خۆشەوستی مرۆیی نییە، ئەمە تەنیا بڕێک نییە لە خۆشەویستیی خودا بەڵکو ئەمە خۆشەویستیی تەواوی خودایە، ئێمە لە نێویدا نوقم بووین و داپۆشراوین. خۆشەوستی تەواو و بێسنوور و بیکۆتای یەزدان لەڕێگەی ڕۆحی پیرۆزەوە دەبێتە سەرچاوەیەکی ئاوی زیندوو و بە درێژایی ژیانمان هەڵدەقوڵێت. کەسە تینووەکە دەبێتە سەرچاوەی ئاوی زیندوو.

ئێستا دەڕوانینە دەقێکی پۆڵس لە (یەکەم کۆرنسۆس ١٢). پۆڵس لە کۆتایی ئەم بەشەدا دەڵێت: **".....ئێستاش باشترین ڕێگاتان پیشان دەدەم."** ئەم **"باشترین ڕێگایە"** لە (بەشی ١٣)دا مەبەستەکەی ڕوون کراوەتەوە:

"[١]ئەگەر بە زمانەکانی خەڵک و فریشتە بدوێم، بەڵام خۆشەویستیم نەبێت، ئەوا بوومەتە دەهۆڵی بە گرمەگرم و زوڕنای بە زیڕەزیڕ. [٢]ئەگەر پەیامی خودا ڕابگەیەنم و هەموو نهێنی و زانیارییەک بزانم و باوەڕێکی تەواویشم هەبێت بۆ هەڵکەندنی چیا، بەڵام خۆشەویستیم نەبێت، ئەوا هیچ نیم. [٣]ئەگەر هەموو سامانم دەرخوارد بدەم و هەتا سووتان لەشم دابنێم، بەڵام خۆشەویستیم نەبێت، ئەوا هیچ سوودێکم نابێت" (یەکەم کۆڕنسۆس ١٣: ١- ٣).

گرنگە کە ئەوە ببینین کە هەموو دیاری و ئاشکراکردنەکانی ڕۆحی پیرۆز دەبێت ببنە ئامراز یان سەرچاوەی خۆشەویستیی یەزدان. ئەگەر ئەو دیارییانە بەکارنەهێنین و نەیخەینە بەردەست خۆشەویستیی یەزدان، ئەوا پلان و مەبەستی یەزدان بێبەهیوا

دەکەین. لەوانەیە بە بێ خۆشەوستیی یەزدانیش هەموو دیارییەکانی دیکەمان هەبێت بەڵام ئەو کات وەکو دەهۆڵی بە گرمەگرم و زوڕنای بە زیڕەزیڕ دەبین. ئێمە بە بێ خۆشەویستیی یەزدان هیچمان نییە و هیچیش نین.

لە (ئایەتی ١)دا پۆڵس دەڵێت: **"ئەگەر بە زمانەکانی خەڵک و فریشتە بدوێم، بەڵام خۆشەویستیم نەبێت، ئەوا بوومەتە دەهۆڵی بە گرمەگرم و زوڕنای بە زیڕەزیڕ."** کاتێک ڕۆحی پیرۆز دێتە نامانەوە، دێتە ناو ئەو دڵەی کە بە باوەڕ بێخەوش کراوە و ڕووی لە یەزدانە. دواتر دەکرێت وشک بین، ویست و مەبەستی یەزدان ون بکەین و بە خراپی لەگەڵ ئەو شتانەدا بجوڵێینەوە کە یەزدان بۆی دەستەبەر کردووین. لەو حاڵەتەدا وەک پۆڵس دەڵێت، دەبیتە: **"دەهۆڵی بە گرمەگرم و زوڕنای بە زیڕەزیڕ."** واتە دەیەوێت بڵێت: "من وا نەبووم کاتێک وەرمگرت، بەڵام بە هۆی ونکردنی مەبەستی یەزدانەوە، وەکو ئەوەم لێهات و مەبەست و ویستی یەزدانم نائومێد کرد."

ئەوە بەراورد بکە لەگەڵ ئەوەی کە پۆڵس لە (یەکەم تیمۆساوس ١: ٥- ٦)دا دەیڵێت:

"[٥]ئامانجی ئەم ڕاسپاردەیە خۆشەویستییە کە لە دڵێکی پاک و ویژدانێکی چاک و باوەڕێکی بێ دووڕووییەوە دێت. [٦]هەندێک لەمانە لایانداوە......"

ئامانجی هەموو خزمەتەکانی مەسیحییەت بریتییە لە خۆشەویستی. ئامانجی یەزدان بۆ تاکی مەسیحی، دەربڕینی بەردەوامی خۆشەویستیی خوداییە. ئێستاش بە کورتی هەر سێ قۆناغی بەخشینی خۆشەویستی خودا ڕوون دەکەمەوە:

قۆناغی یەکەم، لەدایک بوونی نوێیە. کاتێک لەدایک دەبینەوە دەتوانین ئەو خۆشەویستییەمان هەبێت.

قۆناغی دووەم، ڕژاندنی تەواوی خۆشەویستیی خودایە بۆ ناو دڵمان لەڕێگەی ڕۆحی پیرۆزەوە کە پێمان دراوە. سەرچاوە بێکۆتاکانی یەزدان بۆمان دەستەبەر دەکرێت.

قۆناغی سێیەم، دەرخستنی ئەو خۆشەویستییە لە ژیانی ڕۆژانەماندا لەڕێگەی نەزم و گەشەی بەردەوام لە کەسایەتی ڕۆحیدا. لەو کاتەدا ئەو خۆشەویستییەی کە لە خوداوە دێت لەڕێگەی ئێمەوە بۆ کەسانی دیکەش دەستەبەر دەکرێت.

کاتێک بۆ یەکەم جار تاڤگەکانی نیاگارام بینی، ئەو ئاوە زۆرەی کە هەیەتی بەراوردم کرد بە ڕژاندنی خۆشەویستی خودا. دواتر لە دڵی خۆمدا بیرم کردەوە: "ئەم تاڤگانە تاکە سوود و ئامانجیان لەوەدا نییە کە دەڕژێن و هەڵدەقوڵێن، بەڵکو لە بەکارهێنانی ئەو ئاوەدایە بۆ بەرهەمهێنانی کارەبا و گەرمی و هێز بۆ دانیشتوانی شارە گەورەکانی باکوری قارەی ئەمریکا."

بۆ ئێمەش هەر وایە و بەسەر ئێمەشدا هەمان شت جێبەجێ دەبێت. کاتێک دیسان لەدایک دەبینەوە، خۆشەوستی خودا وەردەگرین، بە هۆی ڕۆحی پیرۆزەوە بە سەرماندا دەڕژێت؛ بەڵام تەنیا ئەو کاتە بۆ کەسانی دیکە دەستبەر دەبێت کە ئەو خۆشەویستییە لەڕێگەی نەزم و گەشەی بەردەوامەوە ڕۆژانە لە ژیانماندا سەرڕێژ بێت.

بەشی دەیەم

کردنەوە بە ڕووی ڕۆحی پیرۆزدا

چۆن دەتوانین بۆ ڕۆحی پیرۆز بکرێینەوە و بە تەواوی وەریبگرین و لە ڕێگەی ئەوەوە هەموو ئەو بەرەکەتە وەربگرین کە پەیمانمان پێدراوە؟ سەیری چەند ئایەتێک دەکەین کە چەند مەرجێکی هێناوەتەوە کە دەبێت جێبەجێی بکەین تاکو ڕۆحی پیرۆز بە تەواوی وەربگرین. خودا داوامان لێدەکات کە چەند کارێکی بنەڕەتی ئەنجام بدەین.

تۆبەکردن و عەمادکردن

(کرداری نێردراوان ٢: ٣٧- ٣٨) کۆتایی قسەکانی پەترۆسە لە ڕۆژی پەنجایەمیندا و وەڵام و کاردانەوەی خەڵکی بۆ پەیامەکەی پەترۆس دەبینین:

"[٣٧]کاتێک ئامادەبووان گوێیان لەم قسانە بوو، کاری کردە سەر دڵیان، بە پەترۆس و نێردراوانی دیکەیان گوت: برایان، چی بکەین؟ [٣٨]پەترۆس وەڵامی دانەوە: تۆبە بکەن، با هەریەکەتان بە ناوی عیسای مەسیحەوە عەماد بکرێت بۆ لێخۆشبوونی گوناهەکانتان و ڕۆحی پیرۆز بە دیاری وەردەگرن."

لێرەدا ئەم پەیمانەمان هەیە: "**ڕۆحی پیرۆز بە دیاری وەردەگرن.**" هەروەها بەڕوونی باسی دوو مەرجیش کراوە: "**تۆبە بکەن و عەماد بکرێن**" تۆبەکردن واتە لە ناخی دڵەوە پشت بکەینە گوناه و یاخیبوونەکانمان و بێ قەید و مەرج ملکەچی یەزدان و داواکارییەکانی بین. عەماد کردن (لە ئاو هەڵکێشان) واتە ئەنجامدانی ئەرکێک یان کارێکی پیرۆز کە هەر یەکێکمان بە شێوەیەکی ئاشکرا لە بەردەم جیهاندا دەبین بە یەک لەگەڵ مەسیحدا لە مردن و ناشتن و هەستانەوەکەیدا. کەواتە دوو داواکاری بنەڕەتیمان هەیە کە دەبێت جێبەجێیان بکەین تاکو دیاری ڕۆحی پیرۆز وەربگرین: دەبێت تۆبە بکەین و عەماد بکرێین.

لە خودا داوا بکە

مەسیح لە (لۆقا ١١: ٩- ١٣)دا دەڵێت:

"[٩]لەبەر ئەوە پێتان دەڵێم، داوا بکەن، پێتان دەدرێت، بگەڕێن دەدۆزنەوە، لە دەرگا بدەن، لێتان دەکرێتەوە. [١٠]چونکە هەرکەسێک داوا بکات، وەردەگرێت. ئەوەی بگەڕێت، دەدۆزێتەوە. ئەوەش لە دەرگا دەدات لێی دەکرێتەوە. [١١]چ باوکێک لە ئێوە ئەگەر کوڕەکەی داوای ماسی بکات لە جیاتی ماسی ماری دەداتێ؟ [١٢]یان داوای هێلکە بکات دووپشکی دەداتێ؟ [١٣]جا ئێوە کە خراپن، بزانن شتی باش بدەنە منداڵەکانتان، باوک کە لە ئاسمانە، چەند زیاتر ڕۆحی پیرۆز دەداتە ئەوانەی لێی داوا دەکەن."

ئەمەیان مەرجێکی زۆر سادەیە بەڵام لە هەمان کاتدا زۆر گرنگە. مەسیح دەڵێت کە باوک ڕۆحی پیرۆز دەدات بە ڕۆڵەکانی ئەگەر هاتوو داوای ڕۆحی پیرۆزمان لێکرد. هەندێک لە مەسیحییەکان دەڵێن: "پێویست ناکات داوای ڕۆحی پیرۆز بکەم." دەبێت ئەوەت پێ بڵێم کە ئەم قسەیە لەگەڵ کتێبی پیرۆزدا ناگونجێت. عیسا قسەی لەگەڵ قوتابییەکانی کرد و فەرمووی: **"باوکتان ڕۆحی پیرۆزتان دەداتێ ئەگەر *داوای* بکەن."** لە شوێنەکانی دیکەدا عیسا فەرموویەتی کە دەڕوات بۆ لای باوک تاکو ڕۆحی پیرۆز بنێرێت بۆ قوتابییەکانی. من دەڵێم کە ئەگەر مەسیح داوای لە یەزدان کردبێت، ئەوا هیچ زەرەر و زیانێکی نابێت ئەگەر ئێمەش داوای لێ بکەین.

تینوو بە

ئەو مەرجانەی کە لە (یۆحەنا ٧: **٣٧- ٣٩**)دا باسکراون، زۆر ئاسانترن:

"[٣٧]لە دوایین ڕۆژی گەورەی جەژندا، عیسا ڕاوەستا و هاواری کرد: ئەگەر یەکێک تینووی بوو با بێتە لام و بخواتەوە.
[٣٨]ئەوەی باوەڕم پێ بهێنێت، وەک نووسراوە پیرۆزەکە فەرموویەتی، لە ناخییەوە ڕووبارەکانی ئاوی زیندوو دەڕوات.
[٣٩]لێرەدا مەبەستی لە ڕۆحی پیرۆز بوو، کە ئەوانەی باوەڕی پێدەهێنن دواتر وەریدەگرن، بەڵام هێشتا ڕۆحی پیرۆز نەدرابوو، چونکە عیسا شکۆدار نەببوو."

یۆحەنا لەم دەقەدا تەواو ڕوونی کردوەتەوە کە مەسیح باس لە باوەڕداران دەکات کە ڕۆحی پیرۆز وەردەگرن. با ئەمەمان بیر بێت و سەیرێکی وتەکانی مەسیح بکەین کە دەڵێت: **"ئەگەر یەکێک تینووی بوو با بێتە لام و بخواتەوە."** ئەمانە سێ داواکاری ئاسان و کردارین.

یەکەم ئەوەیە کە تینوو بین. خودا بەرەکەتی خۆی بە زۆر بەسەر ئەو کەسانەدا نارێژێت کە پێیان وایە پێویستیان پێی نییە. زۆر کەس هەرگیز ڕۆحی پیرۆزیان بە تەواوی وەرنەگرتووە چونکە بەڕاستی تینوویان نییە. ئەگەر پێت وایە کە پێشوەخت هەموو شتێکت هەیە و لە هیچت کەم نییە، ئەوکات بۆچی خودا دەبێت شتی زۆرتر بداتێ؟ بە شیمانەیەکی زۆر تۆ بە باشی ئەو شتانەی کە هەتن بەکارناهێنیت. ئەگەر یەزدان زۆرترت پێ ببەخشێت ئەوا بە توندی حوکم دەدرێیت.

تینوو بوون، مەرجێکی سەرەکییە. تینووبوون واتە بۆت دەرکەوتووە و دەرک بەوە دەکەیت کە زیاترت دەوێت لەوەی کە پێشوەخت هەتە. لە ڕاستیدا، تینوێتی یەکێکە لە بەهێزترین ئارەزووەکانی جەستەی مرۆڤ. کاتێک کەسێک تینوویەتی، گرنگی بە خواردن و شتەکانی دیکە نادات. تەنیا شتێکیان دەوێت بیخۆنەوە. من سێ ساڵم لە بیابانەکان باکوری ئەفریقا بەسەر برد، بۆیە زۆر باش دەزانم کە تینوێتی واتای چییە. کاتێک کەسێک تینوویەتی، مامەڵە ناکات یان قسە و گفتوگۆ ناکات، ڕێک دەڕوات بۆ ئەو شوێنەی کە ئاوەکەی لێیە. ئەمە ئەو شتەیە کە مەسیح باسی دەکات: دەبێت تینوو بیت.

وەرە بۆ لای عیسا

دوای ئەوەی کە تینوت دەبێت، مەسیح دەفەرموێت: **"وەرە لام."** کەواتە مەرجی دووەم ڕۆیشتنە بۆ لای مەسیح. مەسیح عەمادکاری ڕۆحی پیرۆزە (واتە بە ڕۆحی پیرۆز عەمادمان دەکات). ئەگەر عەمادت دەوێت، دەبێت بێی بۆ لای ئەو کەسەی کە بە ڕۆحی پیرۆز عەماد دەکات. جگە لە مەسیح هیچ کەسێکی دیکە ناتوانێت لە ڕۆحی پیرۆز عەمادت بکات.

بخۆوە

پاشان مەسیح دەفەرموێت دەبێت بخۆیتەوە. ئەمە ئەوەندە سادە دێتە پێش چاو کە هەندێک کەس پشتگوێی دەخەن. خواردنەوە وەڵامێکە بۆ داواکاری هەندێک لە ئەندامەکانی جەستە و کردارێکە کە بە ویستی خۆت قبووڵی دەکەیت. هەروەها بەشێکە لە وەرگرتنی ڕۆحی پیرۆز. تینوو بوون، هاتن بۆ لای مەسیح و خواردنەوە، هەموویان هەنگاوی بنەڕەتین. خواردنەوە ویست و ئیرادەیەکی چالاکی دەوێت و ناکرێت غاییب و ناچالاک بیت و پێت وابێت بە وتنی "ئەگەر خودا دەیەوێت من بخۆمەوە، ئەوا دەتوانێت کارێک بکات بخۆمەوە" ئیتر دەتوانی بڵێی خواردوومەتەوە. خواردنەوە واتە بە چالاکی وەرگرتنی ڕۆحی پیرۆز لە قوڵایی ناختدا.

بیبەخشە (بەرەنگاری هێشتنەوەی مەکە)

دەمانەوێ لەبارەی جەستەمانەوە گرنگی بە دوو ڕاستی دیکە بدەین کە لە بەشەکانی دیکەدا باسیان لێوە کرا. یەکەم، جەستەمان لە لایەن یەزدانەوە وا دانراوە کە ببێت بە پەرستگای ڕۆحی پیرۆز. (یەکەم کۆرنسۆس ٦: ١٩) دەڵێت:

"[١٩]نازانن کە لەشتان پەرستگای ڕۆحی پیرۆزە کە لە ئێوەدایە و لەلایەن خوداوەیە هەتانە؟"

دووەم، دەبێت ئەندامانی جەستەمان وەکو ئامێر بۆ خزمەتی ئەو ببەخشین و پێشکەش بکەین. ئەمە بەرپرسیاریەتی ئێمەیە. (ڕۆما ٦: ١٣) دەڵێت:

"[١٣]ئەندامانتان وەک ئامێری نادروایی بۆ گوناه پێشکەش مەکەن، بەڵکو خۆتان پێشکەشی خودا بکەن، وەک زیندووی نێو مردووان و ئەندامانتان وەک ئامێری ڕاستودروستی بۆ خودا."

کتێبی پیرۆز ڕاستەوخۆ فەرمانی پێکردووین کە ئەندامە جیاوازەکانی جەستەمان ببەخشین و پێشکەشی بکەین و تەرخانی بکەین بۆ خزمەتکردنی خودا. ئەندامێکی جەستە بە تایبەتی پێویستی بەوەیە کە یەزدان دەستی بەسەردا بگرێت و کۆنترۆڵی بکات، ئەو ئەندامەش زمانە. زۆر بە سادەیی لە (یاقوب ٣: ٨)دا هاتووە:

"[٨].....کەس ناتوانێت زمان دەستەمۆ بکات."

پێویستمان بە یارمەتی یەزدانە تاکو هەموو ئەندامانی جەستەمان کۆنترۆڵ و دەستەمۆ بکەین، بەڵام سەبارەت بە زمانمان پێویستمان بە یارمەتی تایبەتە. کاتێک ڕۆحی یەزدان بە پڕی و تەواوی خۆیەوە دێتە ناومان، یەکەم ئەندامی جەستەمان کە کاریگەری لەسەر دەبێت و کۆنترۆڵی دەکات و بەکاریدێنێت بۆ شکۆدارکردنی یەزدان، زمانە. ئەمە دەدۆزییەوە ئەگەر ئەوەندەت بەلاوە گرنگ بێت کە سەرنجی ئەوە بدەیت کە هەموو جارێک لە پەیمانی نوێدا باس لەوە دەکرێت کە خەڵکی ڕۆحی پیرۆزیان وەرگرتووە یان پڕ بوون لە ڕۆحی پیرۆز؛ یەکەم دەرەنجامی ئەوەیە کە هەندێک وتە دێننە گۆ. قسە دەکەن، پێشبینی دەکەن، ستایشی یەزدان دەکەن، گۆرانی دەڵێن، بە زمانە جیاوازەکان دەدوێن؛ واتە هەمیشە زمان لەخۆدەگرێت. کاتێک دێی بۆ لای مەسیح و دەخۆیتەوە، دەرەنجامی کۆتایی بریتی دەبێت لە سەرڕێژبوون کە لە دەمتەوە سەرچاوە دەگرێت. عیسای مەسیح لە (مەتا ١٢: ٣٤)دا، ئەم بابەتەی زۆر بە ڕوونی باسکردووە:

"٣٤دەم ئەوە دەڵێت کە لە دڵ دەڕژێت."

کاتێک دڵت تا ئاستی سەرڕێژبوون پڕ دەبێت، ئەو سەرڕێژبوونە بە قسەکردن لەڕێگەی زمانەوە دێتە دەرەوە. خودا نایەوێت کە تۆ بە پێی پێویستت هەبێت، دەیەوێ کە لێت بڕژێت. بیرت بێت کە مەسیح دەفەرموێ: "**.... لە ناخییەوە ڕووبارەکانی ئاوی زیندوو دەڕوات.**" ئەوە کۆتا ویست و داخوازی یەزدانە.

داواکارییەکانی یەزدان

ئەمانەی خوارەوە ئەو حەوت مەرجەن کە لە کتێبی پیرۆزدا هاتووە کە دەبێت جێبەجێیان بکەین تاکو بتوانین ڕۆحی پیرۆز بە پڕی و تەواوی وەربگرین:

1. تۆبە بکە.
2. خۆت عەماد بکە.
3. داوا لە یەزدان بکە.
4. تینوو بە.
5. وەرە بۆ لای میسح، ئەو عەمادکارە.
6. بخۆوە؛ لە ناختدا وەریبگرە.
7. جەستەت وەکو پەرستگای ڕۆحی پیرۆز و ئەندامەکانی جەستەشت وەکو ئامێری ڕاستودروستی پێشکەش بکە.

لەوانەیە ئێستا بیر لەوە بکەیتەوە کە چۆن دەتوانی هەموو ئەمانە جێبەجێ بکەیت. دەمەوێ یارمەتیت بدەم لەڕێگەی نوێژێکی نموونەییەوە کە هەموو ئەو شتانەی تێدایە کە لەم کتێبەدا باسم کردن. چەندین جار بیخوێنەوە، ئەگەر ئەمە نوێژی تۆشە، ئەوا بە دەنگی بەرز ئەم نوێژە بۆ یەزدان بکە:

"عیسای خاوەن شکۆ، من تینووی پڕی و تەواوی ڕۆحی پیرۆزی تۆم. من جەستەم وەکو پەرستگا و ئەندامەکانی جەستەم وەکو ئامێری ڕاستودروستی، پێشکەشی تۆی دەکەم؛ بە تایبەتی زمانم کە ناتوانم ڕامی بکەم. نوێژ دەکەم کە پڕم بکەیت لە ڕۆحی خۆت، وا بکە بە ستایش و پەرستش ڕوباری ڕۆحی پیرۆز لە لێوەکانمەوە بڕژێت. ئامین!"

خوێنەری ئازیز، ئەگەر لە قوڵایی دڵتەوە و بەوپەڕی ڕاستگۆییەوە ئەم نوێژەت کردبێت، ئەوا دڵنیا بە کە نوێژەکەت لە لایەن یەزدانەوە بیستراوە و ئەنجامەکان لە ڕێگان. دڵنیام سەرت سوڕ دەمێنێ لە پڕی و تەواوی ئەوەی کە وەریدەگریت.

خوێندنی کەسی

پرسیارەکانی خوێندنی تایبەت بە کتێبی "ڕۆحی پیرۆز لە ناخی ئێمەدا"

(١) ڕاست و چەوتی هەریەک لەمانەی خوارەوە دیاری بکە.

a. ڕۆحی پیرۆز لە پەیمانی کۆندا زیندوو و چالاک نەبوو.

b. ڕۆحی پیرۆز کەسە (شەخس)ـە.

c. سیانەی (ئالوث)ی خودا، باوک و کوڕ و ڕۆحی پیرۆزن.

d. عیسا پێش ئەوەی لە ڕووباری ئوردن عەماد بکرێت، لەڕێگەی هێز و توانای ڕۆحی پیرۆزەوە مۆعجیزە و پەرجووی دەکرد.

e. ڕۆحی پیرۆز ئامادەبوونی یەزدانە لە هەموو جیهاندا.

f. مەسیح پەیمانی بە قوتابییەکانی دا کە ڕۆحی پیرۆز لەسەر زەوی دەبێت بە یارمەتیدەر و ڕاوێژکاریان.

g. ڕۆحی پیرۆز دوای لەخاچدانی مەسیح بۆ ئێمەی باوەڕدار دەستەبەر دەکرێت.

h. کەنیسە نوێنەری یەزدانی باڵادەستە لەسەر زەوی.

i. ڕۆحی پیرۆز لە کەنیسە و لەناو باوەڕداردا دەژیێت.

j. کاتێک باوەڕدارەکان پڕبوون لە ڕۆحی پیرۆز، بەجەرگ و نەترس بوون بەهۆی ئەو تێگەیشتنە نوێیەی لەبەرانبەر مەسیح و خزمەتەکەی هەیانبوو.

k. بۆ ئێمە وا باشتر بوو کە مەسیح لەسەر زەوی بێت کاتێک کە هێشتا ڕۆحی پیرۆز نەهاتبوو.

(٢) ئەمانەی خوارەوە بە وەڵامە ڕاستەکانیان بگەیەنە.

1.	ڕۆحی پیرۆز سروشت و کەسایەتی و خزمەتی ......ی دەرخست.	a.	کەس (شەخس)
2.	.... نووسەری کتێبی پیرۆزە.	b.	مامۆستای کتێبی پیرۆزە
3.	ڕۆحی پیرۆز ......ی یەزدانە.	c.	یەزدانی باڵادەست
4.	ڕۆحی پیرۆز	d.	ڕۆحی پیرۆز
5.	لە ڕۆژی پەنجایەمیندا ڕۆحی پیرۆز وەک .... هاتە خوارەوە.	e.	عیسا

47

6. نوێنەری تایبەتی و شەخسی .... ـە لەسەر زەوی. f. هەناسە

(٣) بازنەیەک لە دەوری وەڵامی ڕاستدا بکێشە.

تێبینی: ئەگەر پێویست بکات سوود لە (یەکەم کۆرنسۆس ٣: ١٦) وەربگرە.

1. ڕۆحی پیرۆز لە .... دەژییێت.
a) کەنیسە
b) وشەی نووسراوی یەزدان
c) باوەڕدار
d) بژاردەی (a) و (c)
e) هەموو ئەوانەی سەرەوە

2. (پاراکلێت)ی یۆنانی کە بۆ وەسفی ڕۆحی پیرۆز بەکاردێت، واتە:
a) تاهەتایە لەگەڵت دەبێت
b) یەزدان شکۆدار دەکات
c) سەرچاوەی ئاوی زیندوو
d) کەسێک کە دێت بە هاناتەوە و یارمەتیت دەدات

(٤) ئەم بۆشاییانەی خوارەوە پڕ بکەوە.

1. دوای ئەوەی کە لە ڕۆژی پەنجایەمیندا، ڕۆحی پیرۆز هاتە سەر زەوی، سێ لایەن ئەنجامی دەستبەجێیان تێدا بەدیکرا. یەکەم، لە .... و پەیامی مەسیح باشتر تێگەیشتن. دووەم، قوتابییەکان .... بوون. سێیەم، دڵنیاییان لە هێزی .... وەرگرت.

(٥) ئەمانەی خوارەوە بە وەڵامە دروستەکانیان بگەیەنە.

ڕۆحی پیرۆز یارمەتیمان دەدات بەم شێوانەی خوارەوە نوێژ بکەین:

1. بەپێی وشەی یەزدان، داکۆکیکردن (نێوانگری)
2. ڕۆحی پیرۆز مێشکمان ڕووناک دەکاتەوە
3. ڕۆحی پیرۆز زمانێکی نەناسراومان پێدەبەخشێت
4. ڕۆحی پیرۆز وشەی دروست دەخاتە سەر زمانمان

a. ئەو کات دەزانین کە چۆن نوێژ بکەین
b. بە جۆرێکە کە باس ناکرێت
c. ئەو شتەی کە لەو کاتەدا خودا دەیەوێت لەبارەیەوە نوێژ بکەین
d. زمانی نوێژ؛ زمانێکە کە مێشکی ئاسایی لێی تێناگات

(٦) ئەم بۆشاییانەی خوارەوە پڕ بکەوە.

A. ژیانی عیسای مەسیح لە ڕۆحی پیرۆزدا لە جەستەی ئێمەدا دەردەکەوێت. هێز لە ئێمەدا هەیە کە........ دەکات.

B. خۆشەویستیی خودایی ڕژاوەتە نێو .... بەهۆی ....، خۆشەویستیی خودایی کە پێی دەوترێت "ئەگاپێ" هیچ .... پێشوەختی نییە.

(٧) ئەو کەسەی کە دووبارە لەدایکبووەتەوە، خۆشەویستیی خودایی (ئەگاپێ) دەردەخات. بە پشت بەستن بەو تێبینییەی خوارەوە، بە نموونەیەکی کورت وەسفێکی کاریگەری خۆشەویستیی خودایی بکە لە سەر ژیانت لە ئێستا و داهاتوودا.

....

....

....

....

تێبینی: خۆشەویستی، ئامانج و مەبەستی هەموو خزمەتە مەسیحییەکانە. دەرخستن و ئاشکراکردنەکانی ڕۆحی پیرۆز دەبێت سەرچاوەی خۆشەویستی بن (بۆ نموونە: پێشبینی کردن، یارمەتیدانی هەژاران و شیفادان، هتد). ئاشتی و نیعمەتی یەزدانمان هەیە چونکە خۆشەویستییەکەیمان لە دڵدایە، هەروەها بە ئومێدی داهاتوو دڵخۆشین. هەروەها لەکاتی تەنگانە و ناخۆشیشدا هەر دڵشادین.

(٨) دەکرێت بە ڕووی ڕۆحی پیرۆزدا کراوە بین، بەڵام پێویستمان بە نەزم و ڕاهێنانە. دێرک پرنس لەژێر ڕۆشنایی کتێبی پیرۆزدا حەوت مەرجی باسکردووە.

a) پێویسته .... بکەین و .... بکرێین.

b) دەبێت .... لە یەزدان بکەین کە پڕمان بکات لە ڕۆحی پیرۆز.

c) پێویسته .... بیت، خودا بەرەکەتی بە زۆر نادات بەو کەسانەی کە پێیان وایە پێویستیان پێی نییە. وەرە بۆ لای ....، ئەو عەمادکارە.

d) دەبێت .... بۆ ئەوەی ڕۆحی پیرۆز چالاکانە وەربگریت، هەروەها ئەندامەکانی جەستەت وەکو ئامێری ڕاستودروست .... و پێشکەش بکەیت.

وەڵامی پرسیارەکانی خوێندنی تایبەت بە کتێبی "ڕۆحی پیرۆز لەناو تۆدا"

(١) ڕاست و چەوتی هەریەک لەمانەی خوارەوە دیاری بکە.

a. چەوت
b. ڕاست
c. ڕاست
d. چەوت
e. ڕاست
f. ڕاست
g. ڕاست
h. چەوت
i. ڕاست
j. ڕاست
k. چەوت

(٢) ئەمانەی خوارەوە بە وەڵامە ڕاستەکانیان بگەیەنە.

1. (e)
2. (d)
3. (f)
4. (b)
5. (a)
6. (c)

(٣) بازنەیەک لە دەوری وەڵامی ڕاستدا بکێشە.

1. ڕۆحی پیرۆز لە .... دەژیێت.
d) بژاردەی (a) و (c)
2. (پاراکلێت)ی یۆنانی کە بۆ وەسفی ڕۆحی پیرۆز بەکاردێت، واتە:
d) کەسێک کە لەگەڵت دەبێت تاکو یارمەتیت بدات

(٤) ئەم بۆشاییانەی خوارەوە پڕ بکەوە.

1. خزمەت، زیرەک و بەجەرگ، سەروو سروشت

(٥) ئەمانەی خوارەوە بە وەڵامە دروستەکانیان بگەیەنە.

1. (b)
2. (a)
3. (d)
4. (c)

(٦) ئەم بۆشاییانەی خوارەوە پڕ بکەوە.

A. بەهێز و جێگیرمان دەکات.

B. دڵمان، ڕۆحی پیرۆزەوە، قەید و مەرجێکی

(٧) وەڵامەکەت دەبێت بابەتییانە بێت، واتە گشتگیر نەبێت. خاڵی سەرەکی ئەوەیە کە تۆ تێدەگەیت و دەزانیت کە چۆن ئەم خۆشەوستیی خوداییە لە خزمەتەکەت و ژیانی ڕۆژانەتدا بە شێوەیەکی کرداری جێبەجێ بکەیت. پشت بەم ئایەتانە ببەستە: (ڕۆما ٥: ١- ٨ یەکەم پەترۆس ٢٢-٢٣، یەکەم یۆحنا ٤: ٧- ٨ یۆحنا ٧: ٣٧- ٣٩). یەکێک لە نموونەکان دەکرێت ئەوە بێت کە لەکاتی هەڵسوکەوتکردن لەگەڵ کەسانی دیکە یان نوێژکردن، دەمارگرژی وەلاوە بنێین. ئەگەر پێت وایە کە پڕ نەبوویت لە ڕۆحی پیرۆز، ئەوا پێشنیار دەکەین کە قسە لەگەڵ قەشەی کەنیسەکەتدا بکەیت یان لەگەڵ هاوڕێیەکی مەسیحتدا بۆ ئەمە نوێژ بکەن.

(٨) دەکرێت بە ڕووی ڕۆحی پیرۆزدا کراوە بین، بەڵام پێویستمان بە نەزم و ڕاهێنانە. دێرک پرنس لەژێر ڕۆشنایی کتێبی پیرۆزدا حەوت مەرجی باسکردووە.

a) تۆبە، عەماد.
b) داوا
c) تینوو، عیسا
d) بخۆیتەوە، تەرخان

کۆتایی